GRAVITARE
万有引力

真 实 的 故 事 是 最 好 的 故 事

反英雄史
HERO

[美] 麦迪逊·贝尔 著
MADISON SMARTT BELL

李雪梅 译

死于理性

拉瓦锡 与
法国大革命

SPM
南方出版传媒
广东人民出版社
·广州·

LAVOISIER

把他的脑袋砍下来，只要一眨眼，可是这样的脑袋再过一百年也长不出来了。

献给所有具有乔尔丹诺·布鲁诺精神的人

目录

见此图标
微信扫码

辅助阅读：炼
金术、拉瓦锡
与现代化学。

第一章 旧制度

Ancien régime

　　1793 年初秋，法国国民公会的官员们来到安托万·拉瓦锡位于巴黎玛德莲大道（Boulevard de la Madeleine）243 号的私人住所。在这条繁华街道西部的一个街区，正在修建一座希腊帕特农神庙风格的教堂。教堂名为"圣玛丽-玛德莲"（Saint-Marie Madeleine），自 1791 年起，其修建工程就始终停滞不前。从这座教堂未完工的古典门廊上向南眺望，是直通革命广场（Place de la Révolution）的皇家大道（Rue Royale），不久后，广场上将安装一座断头台。断头台这个设想的提出者是吉约坦医生（Dr. Guillotin），他和拉瓦锡都是巴黎科学界的精英人物。吉约坦曾设想，自己所提议的装置是文明且人性化的刑具，可以取代残忍的刀斧和绳索。但如果看到自己的设想最终演化成西方世界最恐怖的武器之一，他必会因此感到震惊。

　　这些官员代表可怕的"公共安全委员会"，他们搜查并扣押了拉瓦锡的文件。但最终没有发现任何可疑物品，除了来自科学家同行的一些外文（英语和意大利语）信件，来信人包括：拉扎罗·斯帕兰扎尼①、约瑟夫·普里斯特利②、约瑟夫·布莱克③以及本杰明·富兰克林。拉瓦锡要求用自己的私人印章在被查封的文件上盖章，这一请求得到了官员们的批准。尽管相关报告指出"拉瓦锡这一举动并非出于不信任，而是为了遵守秩序"，但他这样做，也许是担心政敌会把其他更危险的文件放进他的文件中。

按照法国大革命历法，这一天是共和国元年果月④的第 24 天，但拉瓦锡等人并不知道这些。对他们而言，这只是 1793 年 9 月 10 日。尽管法国大革命历法在 1792 年 9 月 22 日法兰西共和国成立时便已确立，但直到 1793 年 10 月才宣布启用。因此，共和国元年只在回顾历史时才存在。虽然没有人直接经历过，但它仍旧很重要。共和国元年以前，拉瓦锡的生活和事业完全融入到了波旁王朝的社会结构中。然而，从这一天起，他的生活和工作将在新的充满革命和恐怖的环境中被重新审视。

法国大革命历法旨在将宗教的专制权威从历法中剥离出来，并废除儒略历。改革后的日历采用十进制，每月分成 30 天，每天 10 小时，每小时 100 分钟，每分钟 100 秒。拉瓦锡本人也是历法改革的倡导者，1793 年，他也积极参与与之并行的度量衡体系改革。事实证明，这种十进制的换算方法比大革命历法的"寿

---

① 拉扎罗·斯帕兰扎尼（Lazzaro Spallanzani, 1729—1799），意大利生物学家、生理学家，主要进行生理功能、动物繁殖、动物回声定位方面的实验研究。（除特别注明外，本书的脚注皆为译者注。）

② 约瑟夫·普里斯特利（Joseph Priestley, 1733—1804），英国自然哲学家、化学家、牧师、教育家和自由政治理论家。出版过 150 部以上的著作，对气体特别是氧气的早期研究做出过重要贡献。

③ 约瑟夫·布莱克（Joseph Black, 1728—1799），英国医生和化学家。他第一个用定量方法研究二氧化碳，提出比热和潜热的概念。

④ 果月（Fructidor），在法国大革命历法中为 8 月 18 日—9 月 16 日。

命"更长，是至今为止仍在使用的公制标准。共和国元年果月 24
日，拉瓦锡的一位科学家同行安托万·弗朗索瓦·德·富克鲁瓦
（Antoine François de Fourcroy）与其他官员一同来到玛德莲大道，
收缴了拉瓦锡在度量衡项目中所使用的仪器。这不是一个好兆
头，拉瓦锡本打算依靠这一公共改革来安稳度过动荡的年代。

如果拉瓦锡能清醒意识到充满激进革命气息的全新环境将给
他带来的危险，他也许会逃离这个国家。尽管在他所熟悉的其他
领域，比起同时期的其他科学家，拉瓦锡要更了解彻底改变观点
的重要性，但显然，他并没有意识到自己已经处于危险之中。拉
瓦锡对于氧气的发现将确保他突出、恒久的科学地位，尽管在拉
瓦锡之前也有人对氧气进行过研究：约瑟夫·普里斯特利根据研
究提出过"固定空气"说法，卡尔·威廉·舍勒（Carl Wilhelm
Scheele）则将氧气称为"火空气"。但拉瓦锡的创举在于经过深
入理解和思考，将这一并非新发现的气体命名为氧气，并将它置
于一个全新的化学语境中，进而推动现代化学的整体发展。拉瓦
锡对氧气的命名是一次伟大的实践。

在法国大革命之前的数年里，拉瓦锡做事极为守序的天分已
经在他纯粹的科学研究之外有了诸多体现。1788 年，他同时担任
了五个重要公职，其中包括火药和硝石管理局的局长以及贴现银
行董事，这些职位使得他在法国的国家金融之中有了举足轻重的
地位。到了 1790 年，由于广泛参与公共事务管理，加上非常可观
的财富，拉瓦锡成了激进左派的抨击目标。1791 年 1 月，雅各宾
派的记者让-保尔·马拉（Jean-Paul Marat）在《人民之友》
（L'ami du peuple）这份报纸上抨击拉瓦锡："我向你们揭露骗子首

领拉瓦锡先生，土地掠夺者之子，半吊子化学家，日内瓦股票投机商内克尔①的弟子，包税总会的老包税官人，火药和硝石管理局局长，贴现银行董事，国王秘书，科学院院士，沃维利耶②的密友，巴黎食品委员会的渎职者以及当代最大的阴谋家。"

马拉之所以发出这样的公开谴责，是因为他与拉瓦锡有私人恩怨——1779 年，拉瓦锡曾代表法国科学院将马拉判定为科学骗子。1791 年的动荡中，国家科学院、文学院和文化学院的存在被视为可恶的精英主义。拉瓦锡在 1771 年得到父亲赠送的结婚礼物——贵族特权，此时它已不再有什么价值了。拉瓦锡最受人诟病的一点，是他在法国包税总会（la Ferme Générale）③ 任职——这是他最赚钱的工作，公共安全委员会的官员之所以到他玛德莲大道的家中来查抄文件，也是出于这个原因。

几个世纪以来，法国的税收一直由法国国王出租或"外包"给私人投资者。在每次租赁期间给王室财政上缴足够税收后，这些私人投资者便可以自己支配剩下的税款。到 17 世纪末，包税总会的规模不断扩张，已经是拥有 3 万名员工的庞然大物。18 世纪末，法国政府已极度依赖通过包税总会来获得借款和偿还迅速增长的国债。

1768 年，拉瓦锡进入包税总会时，该公司由 40—60 个包税官共同管理。那一年，一个包税官全部的股份收购价格为 156 万

---

① 即下文的雅克·内克尔。

② 即让-弗朗索瓦·沃维利耶（Jean-François Vauvilliers），三级会议的一名候补议员，曾暗中接受法国国王的馈赠。

③ 也被译为"总包税所"。

里弗尔①；24 岁的拉瓦锡从一位正在聘请助手的名叫博东（Baudon）的老包税官手里，以首付 6.8 万里弗尔的价格，购买了其三分之一的股份。拉瓦锡将改革家的热情带入了包括税收工作在内的所有活动中。然而，即使是拉瓦锡提出的最为开明的创新政策，也会引起法国纳税人的反感。同任何时代任何地方的税收机构一样，法国包税总会并不受人们欢迎，甚至有可能是最不受欢迎的机构。它不仅对盐、酒精和烟草征税，甚至还对从法国其他地方进入巴黎的商品征税。人们通过走私等各种手段逃税是当时的普遍现象。包税总会对这些违法行为进行过严厉打击，更增加了公众的厌恶感。此外，关于暴利的指控也有充分的根据。

1791 年，由于饱受管理不善的指控，包税总会最终被废除。拉瓦锡在此前不久就已从这里辞职，不过，法国国民公会要求彻查包税总会在 1740—1791 年间的所有事务。包税总会的资产本应被清算并收入国库中，但由于一系列政治危机，清算程序一直被推后，而包税官或前包税官也被批评拖延怠慢。到 1793 年秋天，随着"恐怖统治"② 的开始，处理包税总会事件（及收集资产）走向极端。拉瓦锡只是遭到搜查和收缴的许多前税务官之一。

在波旁王朝统治的最后 20 年，资产阶级不断发展壮大，通过加入包税总会，拉瓦锡成功跻身资产阶级上流社会。到 1786年，拉瓦锡的总收入为 120 万里弗尔，相当于 20 世纪的 4800 万美元。即使拥有这么一大笔财富，拉瓦锡的生活方式却并不奢

---

① 里弗尔为法国古代的一种货币单位名称。

② "恐怖统治"（Reign of Terror）指的是法国大革命的一段时期，雅各宾派上台后采取了一系列激进的革命政策，如颁布《嫌疑犯法令》、严控物价、大量处决公民等。一般认为恐怖统治时期是从 1793 年 9 月到 1794 年 7 月。

侈。据 1791 年的一份财务声明显示，拉瓦锡在卢瓦尔河谷拥有 1400 英亩（约 5.67 平方千米）的弗雷钦（Fréchines）庄园，在维勒弗朗克尔（Ville-francoeur）还有 254 英亩（约 1.03 平方千米）土地，但他只有 6 名佣工（1 名厨师、1 名女仆、1 名马车夫和 3 名男仆）。以当时的时代背景和他的身份地位来说，这样的仆人数量算是极少的了。

包税总会的工作为拉瓦锡提供了可观的收入，但他的大部分时间都花在了科学研究和其他公共事业上。实际上，是税收收入资助了他的科学研究，在这一时期，这是一种反常现象。在 18 世纪的法国，科学研究可以是事业，但绝不可能成为谋生手段。政府对科学研究的财政支持力度很小。有抱负的科学家必须自行承担研究费用。拉瓦锡的家庭背景相对优渥，他用从包税总会赚取的利润，组建了当时欧洲最先进、最昂贵的实验室。

拉瓦锡的五世祖父是国王马房的一位邮政中转信使。后来他的高祖父成为邮政中继站的负责人，并且在离巴黎东北约 50 英里远的维莱科特雷（Villers-Cotterêts）经营一家旅馆。他的曾祖父尼古拉斯·拉瓦锡（Nicolas Lavoisier）是当地法院的法警，生活富裕，在镇上拥有几所住房。尼古拉斯的儿子、拉瓦锡的祖父是法院的一名律师，娶了皮埃尔丰（Pierrefonds）镇上一位富裕公证人的女儿，生下了长子——拉瓦锡的父亲让-安托万·拉瓦锡（Jean-Antoine Lavoisier），并送他去巴黎学习法律。由于让-安托万的舅舅一直单身并无子女，退休后，让·安托万便接任了舅舅于旧制度时期①在巴黎高等法院（Parlement de Paris）的律师职位。拉瓦锡家族花了一个多世纪的时间才完成了这种社会阶层的上升，成为新兴的专业穿"长袍"的人——律师。

让-安托万除了继承舅舅的职位之外，还继承他在巴黎马雷（Marais）区的房子，以及 4 万里弗尔的遗产。后来，他与美丽的艾米莉·庞蒂（Emilie Punctis）结为夫妻，艾米莉·庞蒂出身优渥，她的家族靠做肉类贸易发家。通过谨慎的土地投资，让-安托万的财富迅速累积。马拉正是据此将拉瓦锡本人描述为"土地掠夺者"，虽然这有点牵强。

让-安托万的第一个孩子拉瓦锡出生于 1742 年 8 月 26 日。两年后，女儿玛丽·玛格丽特·艾米莉（Marie Marguerite Emilie）出生。1748 年，拉瓦锡的母亲去世，让-安托万带着 5 岁的拉瓦锡和 3 岁的玛丽搬去与妻子的家族一同居住。在那里，孩子们由未婚的姨妈康斯坦丝·庞蒂（Constance Punctis）照顾，直到妹妹玛丽 15 岁去世。拉瓦锡一生并无子嗣，他是这一家族支系的最后一人。

经受亲人离世让拉瓦锡的性格安静而理性。同龄人都在玩耍时，他则更喜欢学习。11 岁时，他进入马萨林学院（Collège Mazarin）学习，父亲之前也在此接受教育。马萨林学院最初以其创始人卡迪纳尔·马萨林（Cardinal Mazarin）的名字而闻名，学院拥有一座宏伟的圆顶建筑，隔着塞纳河与卢浮宫相望。这座学院是当今法兰西学院（Institut de France）的前身，存放着拉瓦锡的论文以及其他科学院的档案。拉瓦锡家族送他进入马萨林学院学习，本意是想让拉瓦锡子承父业。但拉瓦锡在马萨林学院开始

① 旧制度时期指 16 世纪晚期至 1789 年法国大革命爆发前的统治时期。

接触文学创作，并尝试以卢梭的《新爱洛漪丝》（*La Nouvelle Héloise*）的艺术风格编写戏剧。1760 年，即拉瓦锡妹妹去世那年，拉瓦锡撰写的关于"寻求真理时，内心的正直与智力的精确性是否同等重要"论题的文章（后不幸遗失）获得了二等奖。

拉瓦锡的化学启蒙老师是马萨林学院的讲师拉普朗什（Louis C. de La Planche），而对拉瓦锡的化学生涯真正产生深远影响的是尼古拉斯-路易·德·拉卡耶（Nicolas-Louis de Lacaille），他是数学家，也是天文学家，他的天文台就建在马萨林学院内。拉卡耶在出版自己的代数和几何教科书时一反常规，没有用拉丁语而是用法语出版，因为在他眼中，法语比拉丁语更为优越。在狄德罗等百科全书派①成员的助推下，法语在 18 世纪确实成为最清晰易懂的欧洲语言，是书写纯理性作品的理想语言。拉瓦锡在拉卡耶的课上不仅学习了天文学知识，还学习了微积分和牛顿物理学，他对万物理性秩序的欣赏便来源于此。后来，他写道："我已经习惯了数学家在研究过程中运用的严谨的推理方式。"——特别是几何证明里循序渐进的推理过程。

然而拉瓦锡的父亲认为，科学是令人钦佩的休闲活动，但不能作为职业。于是，拉瓦锡做出让步，于 1761 年离开马萨林学院进入巴黎法学院（Paris Law School）进修法学。他认真学习法律知识，但对科学知识的热情更高。在法学院学习期间，拉瓦锡跟法国科学院的地质学家让-艾蒂安·盖塔尔（Jean-Étienne Guettard）学习矿物学。尽管盖塔尔自称厌烦与人交往，但却常

---

① 百科全书派是指 18 世纪法国启蒙思想家在编纂《百科全书》时形成的派别，主要成员有狄德罗、伏尔泰、卢梭等人。

去拉瓦锡家中做客。在皇家植物园（Jardin du Roi）里，拉瓦锡跟著名院士贝尔纳·德·朱西厄（Bernard de Jussieu）学习植物学，并向纪尧姆-弗朗索瓦·鲁埃勒（Guillaume-François Rouelle）学习化学。就算巴黎的奢侈生活对拉瓦锡有吸引力，双修课程也使他无暇顾及。他终日埋头学习，甚至到了避世隐居的地步，据说还经常假装生病逃避社交活动。他父亲的一个朋友德·特隆克（M. de Troncq）给他送来一碗稀饭，讽刺地告诫道："学习也得有节制，要知道，在世上多活一年要比在人们的记忆中存在一百年更有价值。"

1764年，拉瓦锡获得了法学学位，并成功进入巴黎高等法院。然而，他最终并没有成为一名律师。早在拉瓦锡21岁时，他就开始为进入法国科学院而努力。法国科学院成立于一个世纪以前，创始人是路易十四的首席大臣让-巴蒂斯特·科尔贝（Jean-Baptiste Colbert）（包税机构能整合为一个总会，科尔贝也起了很大作用），其目的是为逐渐发展起来的法国科学家群体建立一个正规组织。在王室的赞助下，科学院追求的是纯粹且有应用性的科学，即追求科学发现所带来的声望及科学实践带来的物质收益。对内，科学院起着管理科学精英的作用，奖励、提拔那些为科学作出巨大贡献的人；对外，它有权利也有义务证实或驳斥公开发表的全新科学发现和科学理论。18世纪中叶，它是科学进步的终极仲裁者。与这一时期成立的文学院和学术院一样，科学院在获得王室保护和王室财政的一些支持的同时，也保留了充分的自治权，不受国家政治的影响，这是一个重要优势，类似于我们今天所理解的"学术自由"。拉瓦锡在1771年为科尔贝起草的悼词中，将这些学院描述为"小共和国"，并指出"它们的活跃力量也压倒了一切源于无知、迷信和野蛮的反对势力"。

1764 年，法国科学院发起巴黎路灯照明设计比赛，拉瓦锡随即开始了这一项目的研究工作。为了完成这项研究，拉瓦锡曾一度将自己作为实验对象，把自己关在漆黑的房间足足 6 个星期。虽然科学院认为他论文的理论性要大于实用性，但仍然予以发表，并给拉瓦锡颁发金质奖章以兹鼓励。1765 年，拉瓦锡以"访问科学家"的身份向科学院提交了题为《关于石膏的分析》的论文，科学院的审稿人称赞他的论文是"新颖独特的解释，将石膏的硬化现象简化为简单的结晶定律"。

科学院本应是不涉足政治的，但科学院的人才选拔（顾名思义）无法脱离政治因素。拉瓦锡曾做过盖塔尔和贝尔纳等院士的学徒，这为他得到广泛的支持提供了坚实基础，同时，拉瓦锡父亲的朋友也能为他提供支持。科学院的成员数量固定，低级别的职位空缺通常是由于有人晋升到更高的职位。1766 年，拉瓦锡与许多资历较老的科学家一同被提名填补科学院化学部的空缺职位。尽管他在化学方面的成就得到了人们的肯定，并且私下做了大量游说工作，但他最终还是未能得到这一正式职位。

遭受挫折后，拉瓦锡重新回到绘制法国矿物地图集的项目中，这个项目是他和盖塔尔早先就着手的。接下来的两年间，拉瓦锡大部分时候都在巴黎以外的地方进行实地考察。同时，拉瓦锡的父亲显然接受了儿子将科学研究作为自己工作生活中心的决定，一直全力提供自己所知晓的学术动态，以表示对儿子工作的支持。1768 年春天，拉瓦锡带着两篇新论文返回巴黎，一篇是关于"液体比重测定方法"，另一篇是关于他曾做过矿物调查的地区的"水质"研究。这两篇论文为解决法国国家供水问题提供了纯科学与实际应用之间的有效平衡。

1768年5月，拉瓦锡和加布里埃尔·雅尔（Gabriel Jars）同时被提名填补科学院当年3月空缺出来的职位。雅尔资历较老，因此得到了这一空缺职位，拉瓦锡则得到了最接近科学院化学部成员身份的职位——编外助理，这意味着，下一次法国科学院有职位空缺时，他可以直接就任。实际上，在这次选拔中，拉瓦锡获得的票数比雅尔还多一些，但国王最终决定将正式职位授予雅尔。一些院士因拉瓦锡加入饱受质疑的包税总会而提出疑义，一位名叫方丹（Fontaine）的人反驳道："那很好啊！他将为我们提供更丰富的晚餐！"

科学院院士每年的平均津贴为2000里弗尔，虽然这不是一个小数目，但还是远远不足以维持巴黎中产阶级的日常生活——作为一名新成员，拉瓦锡也不奢求能立即从学院的职位中大赚一笔。在得到科学院职位的前几周，拉瓦锡拿着母亲留给自己的遗产，买下了他在包税总会的第一批股份，这使他摆脱了只能靠做律师维持生计的局面。至少从理论上讲，拉瓦锡可以靠着这些投资的收入来维持生活（且能过得相当舒适），同时还能进行科学研究工作。实际上，参与包税总会的管理为他介入大量公共服务工作提供了契机，这些工作通常与他的科学兴趣和研究有关联。

起初，拉瓦锡是包税总会烟草委员会的区域检查员。他将自己的检查工作与在1769—1770年间绘制矿物地图的考察旅行相结合。当时的零售商将走私的烟草与收过税的烟草混在一起以逃避税收，拉瓦锡的工作就是打击这种行为。他向包税总会的高级包税官雅克·波尔兹（Jacques Paulze）报告了他的研究结果。波尔兹和拉瓦锡的父亲一样，也是巴黎高等法院的律师。

1770 年，波尔兹的妻子去世后不久，他把女儿从她之前接受教育的蒙布里松（Montbrison）修道院带回到自己在巴黎的住所。13 岁的玛丽-安妮·皮埃雷特·波尔兹（Marie-Anne Pierrette Paulze）按道理要为她父亲管家。与拉瓦锡一样，玛丽-安妮是家中唯一的孩子，也在早年就失去了母亲。尽管玛丽-安妮年龄不大，但她不仅能自信而优雅地操持家务，而且长相迷人，拥有"湛蓝的双眼，棕色的秀发，鲜艳精致的小嘴"。

18 世纪资产阶级的婚姻优先考虑的是商业利益，其次才是浪漫爱情——如果真的存在的话。玛丽-安妮有着众多优点，但其中最吸引人的还是会继承一大笔产业，这使她成为众人觊觎的目标。一个已经 50 岁且穷困潦倒，有着放荡挥霍恶名的阿梅瓦尔伯爵（Comte d'Amerval）向玛丽-安妮求婚，玛丽-安妮把他形容成"一个傻瓜，一个无情的乡下人，一个食人魔"。雅克·波尔兹在写给妻子的叔叔泰雷（Terray）神父的一封信中，将女儿的反应淡化为"坚定的厌恶"，并坚决地声称，自己不会强迫女儿嫁给不喜欢的人。然而，泰雷很看重阿梅瓦尔的爵位，加上阿梅瓦尔的姐姐德拉加尔德男爵夫人（Baroness de La Garde）的影响，他仍旧极力撮合玛丽-安妮和阿梅瓦尔伯爵。作为国家财政总监，泰雷有权撤去波尔兹在包税总会烟草部的职务，故以此相威胁。在其他包税官的帮助下，波尔兹保住了自己的工作，但他也意识到，只要女儿未婚，她就仍是别人觊觎的对象。

从年龄、性情和经济状况等方面讲，27 岁的拉瓦锡的吸引力要比阿梅瓦尔伯爵大得多，拉瓦锡也不让玛丽反感。
1771年12月16日，时年14岁的玛丽-安妮与拉瓦锡结婚，
拉瓦锡的年龄恰好是她年龄的两倍。玛丽离开修道院，在家
待了一年后，就与拉瓦锡结婚了。泰雷虽然感到失望，但仍
旧出席了婚礼，并为两人证婚。

玛丽-安妮最终成为一名拥有出色才华与成就的人。在某种
程度上，她似乎和拉瓦锡一样，性格孤僻，偏爱富有成效的工
作。尽管在1781年（在结婚13年后①），玛丽-安妮与拉瓦锡的
同事皮埃尔-萨米埃尔·杜邦（Pierre-Samuel Dupont）有了长期的
婚外情，但她一直谨慎行事，拉瓦锡在世时似乎没人怀疑过她。
玛丽-安妮一直支持着拉瓦锡的化学研究事业。虽然并没有为拉
瓦锡生儿育女，但她是拉瓦锡出色的实验室助理（如果算不上总
管的话），工作效率极高。拉瓦锡将玛丽-安妮领进了化学大门，
后来她还与让-巴蒂斯特·比凯（Jean-Baptiste Bucquet）一起，
在这一领域进行了更加深入的研究。她详细记录了拉瓦锡的实
验情况，并帮助拉瓦锡起草了许多著作。玛丽-安妮还熟悉拉
丁语及英语，能为拉瓦锡翻译文章，必要时还翻译整本书。拉
瓦锡的许多有关设备和材料的插图都出自她之手。她能清晰准
确地画出拉瓦锡呼吸实验的草图，因此成为研究团队的一员。

玛丽-安妮的绘画天赋极强，后拜入法国新古典主义绘画大
师雅克-路易·大卫（Jacques-Louis David）门下。除科学插图外，
她的其他艺术作品几乎都没有保存下来，其中有一幅本杰明·富
兰克林的画像，1788年玛丽-安妮将其作为礼物赠予了他。尽管

① 疑原文误，此时应为结婚10年后。

拉瓦锡夫人绘制的拉瓦锡呼吸实验图纸之一。图中一名受试者正在进行呼吸实验，玛丽-安妮正坐在右边做笔记。

她似乎不太喜欢为了社交而社交，但在与拉瓦锡 23 年的婚姻中，她将拉瓦锡的住所变成了巴黎最重要的科学沙龙之一。让-弗朗索瓦·迪西（Jean-François Ducis）在一首诗中歌颂了她在拉瓦锡生活中扮演的角色：

既为朋友又为妻，
带来爱恋与愉悦，
对于拉瓦锡，你尽职尽责，
扮演两个角色：
秘书与缪斯女神。

早些时候，拉瓦锡就热衷于将科学研究应用于公共事业之中。在对巴黎街道照明进行研究后，1768 年他代表科学院对安托万·德·帕尔西厄（Antoine de Parcieux）的提议进行评析，该提议主张建一条水渠，将伊韦特河（Yvette）的河水输入巴黎，从而缓解人们对塞纳河受污染水域的依赖。由于资金短缺，加上帕尔西厄去世，水渠最终未能建成。这次水质分析使得拉瓦锡首次集中精力研究水的成分，引起了他对卫生问题的兴趣。水渠工程失败后，他开始研究净化塞纳河水的方法。他知道，干净的空气与清洁的水一样，对健康很重要。通风问题是他研究的主宫医院（Hôtel-Dieu，于 1772 年被焚毁）重建及 1780 年的巴黎监狱卫生改造指导项目成功的关键。

在公共卫生事务上，拉瓦锡与杂乱和肮脏势不两立；在行政事务上，他也与混乱和无序势同水火。由于性格因素，拉瓦锡善于发现万物的秩序和原理，并喜欢在没有秩序的地方建立秩序。作为包税总会的烟草检验员，拉瓦锡研发出一种检验烟草掺假的化学方法：掺杂了烟灰的烟草遇上酸性溶液（如硫酸）会有泡腾现象。他厌恶在烟草里掺杂烟灰这一行为，不仅因为这是一种偷税的形式，还因为这样做会危害公共健康。同时，他也对这种违法行为的惩罚力度十分敏感。销售点的掺假行为可能发生在供应链的其他环节；为了防止这种现象出现，在烟草进入零售市场的每个环节，他都采用了严格的称重和计算系统。这种确定变化发生的确切时间和方式的方法，与拉瓦锡在化学研究中所使用的方法有着大致相同的原理。

拉瓦锡在包税总会的工作让他对精密计算产生了浓厚兴趣，他还将这一兴趣带入抽象经济学的研究中。尽管拉瓦锡在现有税收体系中投入了巨额资金，但他并没有对税收体系的漏洞和这些漏洞阻碍法国经济增长的方式视而不见。1771 年，拉瓦锡参加了一场为财政大臣科尔贝撰写悼词的科学院竞赛。他似乎最钦佩科尔贝在混乱中建立秩序的能力："他身处一片混乱，用勇气及自己所理解的真理来支撑，将法律与善结合起来。"这可以作为理性唯心主义的定义，并且确实体现了拉瓦锡在经济、金融等领域作为社会改革者的使命感。理性唯心主义蕴含着自己的道德观，拉瓦锡的所有行为似乎都在证明，在追求真理时，" la droiture du coeu"（内心的正直）实际上与" la justesse de l'ésprit"（思维的准确性）一样重要。

从他对科尔贝的回顾中，拉瓦锡开始将金钱理解为"一种流体，金钱的流动必然导致平衡"，这一类比来自物理学。拉瓦锡不仅将数量计算精确平衡的特性运用于包税总会的事务中，而且还将其运用于法国的大型金融事务，甚至是他的化学研究中。用拉瓦锡传记作者查尔斯·吉利斯皮（Charles Gillispie）的话来说，"他为金融、军火和科学等领域带来了他标志性的精确思维，一种由天资发展成的精确精神"。

1774 年，阿内-罗贝尔-雅克·杜尔哥（Anne-Robert-Jacques Turgot）取代泰雷神父成为国家财政总监。拉瓦锡受杜尔哥的指派，要写一份关于包税总会的报告。杜尔哥受法国重农学派的影响，将经济学视为一门精确的科学，并认为经济规律与牛顿物理学最近发现的定律一样具有精确性与永久性，因此，经济政策可以理解为科学知识的应用。这些观点与拉瓦锡的想法不谋而合，拉瓦锡在纯科学领域的志向就是为化学提供清晰的定义，正如物理学最近所达到的程度那样。尽管许多包税官感觉受到了威胁，但拉瓦锡仍旧热情地投入杜尔哥倡议的项目中。实际上，杜尔哥大刀阔斧的改革威胁到了许多人的既得利益，以致在1776年杜尔哥被解职，任职时间仅有1年8个月。

出生于瑞士的银行家雅克·内克尔（Jacques Necker）接替了杜尔哥的职位。他关于科尔贝的文章曾在拉瓦锡退出的科学院竞赛中获奖。内克尔"残酷金融家"的声誉并非虚名，他似乎每时每刻都想着"财政总监就是为了挣钱，除此之外别无他事"。并且，在经历杜尔哥短暂激进的任期后，保守派必定会感到安心，因为内克尔宣称包税总会应该进行"不大激烈"的改革。

杜尔哥担任财政总监的最后几项举措之一是创建贴现银行（Caisse d'Escompte）——一间私人机构，但其重要业务是借钱给王室。1788年，拉瓦锡成为贴现银行的董事。到1789年，随着法国大革命第一阶段的展开，国家财政陷入危机。鉴于政府早已负债累累，贴现银行的私人股东不愿意再向政府提供更多的资金。雅克·内克尔建议将贴现银行国有化。当时担任该行董事会主席的拉瓦锡也支持该提议，但这一提议最终被国民议会否决了。实际上，贴现银行因为在保护其私人投资者的股权方面态度强硬，正受到日益激进的国民议会的猛烈抨击，由米拉波（Mirabeau）领导的一个议会派系甚至要求清算贴现银行。

那时的贴现银行处于动荡状态，其发行的银行券已无法兑换现金。拉瓦锡和他的同僚们一致认为，正是政府未能偿还贷款，才致使银行被迫陷入这一困境。要是没有贴现银行的支持，王室财政连同整个国家的经济都将面临崩溃。那一时期，法国出现了粮食短缺的状况，曾一度接近饥荒状态，需要进口一批小麦来做面包——王后玛丽-安托瓦内特（Marie-Antoinette）在当时有一句著名的言论，说如果穷人没有面包吃，那就"让他们吃蛋糕吧"。然而真正吃得起蛋糕的人才刚刚开始察觉到经济动荡对他们造成的影响。法国政府对金钱的绝望很快转化为对私人财产和富人的巨大威胁。

在这次事件中，将贴现银行国有化的提议被米拉波的提议所取代：国家发行自己的纸币。这些纸币——被称为指券——原本应该由1789年夏季第一波革命席卷法国时政府从教会手中没收的土地来做担保。尽管拉瓦锡不赞成米拉波的提议，但他仍旧加入了一个委员会，监督这些指券的制造与使用。拉瓦锡将他的大部分精力用在了防伪技术上——贴现银行也曾深受伪造之苦。

尽管包税总会这一机构尚未被正式废除，但在那时，总会负责的所有税收项目已经被废止，税收体系的其他部分也处于类似的混乱状态。允许一个贫困的政府印发自己的纸币，后果可想而知。政府使用指券偿还贷款，使贴现银行发行的纸币进一步贬值。政府纸币和银行券都失去了价值，加之面包价格飙升，公众对财政保守派的反感进一步加深。拉瓦锡是财政保守派的一员，他从一开始就试图阻止这一通胀螺旋①。国民议会决心从"腐败的金融集团"手中收回公共财政大权。

1790年9月，环境更加恶化，雅克·内克尔仓促离开了法国。正如马拉所强调的，内克尔和拉瓦锡曾经密切的关系如今成了拉瓦锡的隐患。尽管拉瓦锡在财务管理上无可挑剔，但他同时担任贴现银行和王室财政要职（1790年4月被任命）的事实骤然

---

① 通胀螺旋是指通货膨胀推动通货膨胀，形成物价水平（CPI）持续螺旋式上升。

令人起疑。为消除质疑，拉瓦锡决定缩减自己在王室的薪水。1791 年 4 月 9 日，他做出更引人质疑的举动：在致《箴言报》（*Le Moniteur*）的公开信中，拉瓦锡宣布了自己的决定。他写道："我之所以接受火药和硝石管理局的管理职位，是因为它薪资适中，符合我的生活方式、品味和需求，而在众多诚实的公民失去安全感的时刻，我坚决反对从双倍薪水中获利。"虽然这个减薪的举动听起来可能很合理，但把它公开讲出来却是一个失误，这只会招致政敌更加猛烈的抨击。尽管拉瓦锡的生活方式可以说是非常节俭的，但他坐拥巨大财富和资源的事实却免不了受人诟病。

同参与法国公共财政一样，拉瓦锡对制造火药的兴趣源于在杜尔哥短暂管理期间为包税总会所做的众多工作。18 世纪 70 年代，包税总会安排拉瓦锡负责烟草税及盐税的查收工作。盐是硝石提炼加工过程的副产品，但硝石提炼厂总喜欢偷逃盐税，因此拉瓦锡着手进行管理。虽然包税总会没有收集硝石的特权，但王室有。按照惯例，王室会以老旧烦琐的方式将这一特权转租给私人集团。法国政府有权在任何地方搜寻硝石，为收集硝石而侵占私人财产的许可权也经常被滥用（甚至出现了从私人住宅的内墙上刮硝石的情况）。

当然，法国火药的供应与质量管理关系着国家利益，但在拉瓦锡和杜尔哥着手处理火药事宜之前，火药的供应和质量问题就变得臭名昭著，让人无法信任。事实上，由于硝石短缺，火药供应耗尽，法国不得不接受不利的条件，匆忙结束七年战争。作为盐税检查员，拉瓦锡发现了当时火药生产方法的种种低效之处，并将其报告给杜尔哥。杜尔哥解除了与火药管理机构的租约，授权拉瓦锡、亨利·弗朗索瓦·奥梅松（Henri François d'Ormesson）和皮埃尔-萨米埃尔·杜邦三人创建了一个新的火药和硝石管理局。

当拉瓦锡掌管新的火药和硝石管理局的行政权时，他立即解除了硝石收集机构对硝石的搜查权和收缴权。1775 年，在杜尔哥的支持下，他还组织了一场有关硝石自然生成及人工生产研究的科学院竞赛。他与矿物学家盖塔尔的矿物地图绘制之旅为自然硝石研究奠定了基础。至于人工硝石生产，实施起来也很方便，因为法国少有的人工硝石生产基地之一就在拉瓦锡的故乡维莱科特雷的郊区。

在拉瓦锡的管理下，火药研究成为一项军事科学项目，并且得到了政府的大力支持。他发起的多项研究致力于找到提纯天然硝石的更好方法，寻求生产人工硝石的更有效技术，以及获得对优质火药化学成分更精确的理解。这些项目非常成功，到了 1776 年法国有了可以提供给美国革命者的多余火药。因此，1789 年，拉瓦锡可以不无道理地宣称"北美独立应归功于法国的火药"。

离巴黎最近的火药厂位于埃松省（Essonne），新的研发项目也在这里进行测试。这种工作有一定的危险性。1788 年，化学家克劳德-路易·贝托莱（Claude-Louis Berthollet）发现，使用具有挥发性的氯化钾可以制成杀伤力更强的火药。在进行新实验当天，拉瓦锡带领一行人参观了埃松省火药厂。尽管他之前就吩咐过这些人站在安全屏障后，但仍有人没有遵守。而混合物恰好发生了爆炸，一名化学家和一位女士在爆炸中丧生。尽管如此，埃松省火药厂仍旧继续运作；皮埃尔-萨米埃尔的儿子在这里首次学习了火药制作，随后在美国的特拉华州创立了一家火药厂，一手打造了杜邦化学王朝。

1776年杜尔哥被免职时，他所有的改革都难以继续进行。拉瓦锡费尽心机，竭力保住了火药和硝石管理局的政府垄断地位。国家对优质火药的需求巨大，希望供应稳定，因此火药供应最好由中央机构来管理。拉瓦锡在另一篇未发表的文章中指出，尽管"毫无疑问，每个专有特权都违反自然秩序"，但在迫切的需求和可预见成功的情况下，这种专权也有一定道理。

拉瓦锡加入火药和硝石管理局不仅仅是为了公益事业。火药和硝石管理局成立后不久，塞纳河右岸的巴黎皇家军火库里就建起了一座新楼：火药和硝石大楼。在那里，拉瓦锡建立了一座当时最先进的实验室，拉瓦锡将在这个实验室里完成他余生所有的科学研究实验。因此，在1791年政治形势愈加对他不利时，火药和硝石管理局的职位成为拉瓦锡最想保住的公共职位。而在1776年，这一职位是相对容易保住的。实际上，对于拉瓦锡和他的妻子来说，这也是相当舒适的职位。当年4月，他们就搬到了军火库的一间小公寓里。

这种情况意味着，出于各种现实的考虑，拉瓦锡每天都住在实验室。日常作息和他的思想一样井然有序。早上5点起床后，拉瓦锡会花3个小时在实验室专门研究科学知识。从早上9点到晚上7点，他就在卢浮宫宽敞的套房里处理包税总会、火药和硝石管理局以及科学院的相关事务。晚上还会花3个小时在军火库实验室里进行科学工作。此外，每周六，拉瓦锡会和一群学生在军火库实验室里度过，这些学生的数量不断增多。玛丽-安妮·

拉瓦锡虽未满 20 岁，却积极地学习各种技能，最终成为丈夫研究项目不可或缺的助手。她对拉瓦锡的科学星期六做出了以下描述："对拉瓦锡而言，这是快乐的一天。这里有一些有知识的朋友，一些以加入其实验为荣的年轻人。我们从清晨起就聚集在实验室，在那里吃午餐，在那里高谈阔论，也是在那里我们创造了足以使其作者永垂不朽的理论。"

对于拉瓦锡夫妇而言，这是成果颇丰并且幸福快乐的几年。步入婚姻并成为一名重要的公众人物之后，拉瓦锡似乎褪去了少年的羞涩。夫妻二人经常去巴黎歌剧院，因为玛丽对绘画很感兴趣（此时她开始向大卫学习绘画），所以他们也经常参加艺术展览。拉瓦锡夫人在秘书、实验室助理、推广人和公关方面的技能，与她的社交风度相得益彰。国际科学界最杰出的成员经常光顾位于军火库的拉瓦锡沙龙，包括约瑟夫·普里斯特利，约瑟夫·布莱克，马蒂纳斯·范·马鲁姆[1]，霍勒斯·德·索热尔[2]和本杰明·富兰克林。其中，拉瓦锡尤其重视富兰克林，因为他是美国独立战争后在巴黎家喻户晓的人物。

即使拉瓦锡将自己的私人住宅移至玛德莲大道，军火库实验室仍旧是他生活的重心。他也是那里大批火药储备的主要负责人之一。实际上，军火库的一些建筑与巴士底狱的堡垒相连，巴士底狱的火药就存放在拉瓦锡公寓邻近的小军火库中（这一情形激发了拉瓦锡设计新火药库的灵感，一旦发生了意外爆炸，爆炸后

---

[1] 马蒂纳斯·范·马鲁姆（Martinus Van Marum，1750—1837），荷兰医生、发明家、科学家。

[2] 霍勒斯·德·索热尔（Horace de Saussure，1740—1799），瑞士博物学家、地质学家，一般被认为是现代登山运动的创始人。

的火药成分可以通过房顶无害地排放出去）。1789 年 7 月 12 日至 13 日，巴士底狱的指挥官开始担心军火库可能被炸毁，或者其中的火药被革命者偷走，遂下令将军火库的火药转移至巴士底狱的堡垒中。拉瓦锡及其同事别无选择，只有服从命令。他们的服从行为使他们成为"人民的敌人"，民众怀疑他们曾计划夺走巴黎人民推翻君主制所需的火药。

巴士底狱于 7 月 14 日被攻陷，到 8 月，革命统治已在巴黎立足。月初，军火库里装满了即将转运到鲁昂（Rouen）和南特（Nantes）卖给奴隶主的劣质火药。拉瓦锡负责监督标着"poudre de traîte"的火药箱的装载工作。"traîte"一词意为"交易"，在当时已成为奴隶贸易中的常用术语。这个无害的标签被大批兴奋的半文盲民众解释成"叛徒的火药"。一群人围着装有火药的驳船大喊大叫，斥责这些船装载了镇压巴黎革命的火药。众人的情绪突然变得难以控制，拉瓦锡与另一位火药管理者让-皮埃尔·勒·法切克斯（Jean-Pierre Le Facheux）一起被革命者俘虏。极富理性的拉瓦锡试图向扣押他的人解释对"交易用火药"标签的愚蠢误读时，其中的挫败感可想而知。

7 月火药危机期间，拉瓦锡及其同事为国民自卫军（National Guard）① 提供了一周的火药，现在看来这可以保护他们免于被绞死在巴黎市政厅（Hôtel de Ville）前路灯柱上的命运。但众怒依旧难以平息，人们纷纷涌入大厅与拉瓦锡进行公开辩论，拉瓦锡最终设法解释了自己行为的正当性。人群的怒火随即转

---

① 国民自卫军是 1789—1871 年的法国非正规军，1789 年 7 月 13 日的法国国民议会会议决定建立自卫军，以保护有产者。这支军队参加了攻打巴士底狱的战斗，并被定名为国民自卫军。各大城市也纷纷效仿，建立自卫军。

移到了签署火药运输命令的国民自卫军指挥官德·拉·萨尔侯爵（Marquis de La Salle）身上。在这新一轮的混乱中，拉瓦锡成功逃脱。

这是一次侥幸的逃生，因为在1789年夏天，民众随意处决他人的情况已经极其普遍。拉瓦锡和他的朋友们被劝住了，没有公开解释此事的原委，由此这些完全无辜的事件被蒙上了一层疑云，以至于在马拉谩骂拉瓦锡的长篇大论中，只要提到火药和硝石管理局，这些事件就显得可疑。

作为包税总会冉冉升起的行政新星，拉瓦锡不仅负责盐和烟草的税收，还负责从其他城市进入巴黎的商品的关税。巴黎收税站杂乱无章的状态由来已久，由于缺乏清晰的检查系统，巴黎收税站的收货检查业务一片混乱。从事检查业务的有将近1200名员工，因此，人员冗杂是拉瓦锡面对的又一问题。早在1779年，拉瓦锡就提议在巴黎周围建造一堵新的城墙，但一直被搁置，直到1783年拉瓦锡接受任命成为包税总会中央行政委员会的负责人，该委员会直接负责巴黎收税站的税收工作。委员会认为，进入巴黎的货物中有20%的货物因税收网络的漏洞而偷逃了税费，这造成了每年600万里弗尔的损失。

1787年，声望极高的建筑师克劳德-尼古拉斯·勒杜（Claude-Nicolas Ledoux）受命设计并建造关税围墙，这是一个精心设计且造价极高的项目，包括6英尺（约1.83米）高的厚重石墙，以及由66个风格各异的帕拉第奥式（Palladian）拱廊构成的收税站。尽管在当时勒杜设计的收税站已经建好了58个，但只有4个得以幸存至今，分别位于蒙索公园（Parc Monceau）、民族广场（Place de la

Nation)、维莱特运河（Bassin de la Villette）的南端以及当费尔－罗什罗广场（Place Denfert-Rochereau）地下墓穴的上方。

关税围墙极尽奢侈，造价高达 3000 万里弗尔，相当于一年税收损失的 5 倍——这一建筑宏伟大气，却让民众极度反感。路易－塞巴斯蒂安·梅西耶（Louis-Sébastien Mercier）将公众的看法写进了一首讽刺的四行诗：

> 花大价钱，
> 缩小我们的视野，
> 包税总会认为有必要，
> 把我们所有人关进监狱。

一本匿名的小册子写道，包税总会可能还想在关税围墙上树立一座拉瓦锡的雕像，科学院应该为与拉瓦锡有关联而感到羞愧。这本小册子的作者还表示，法国元帅尼韦努瓦公爵（Duc de Nivernois）在被问及对新关税围墙的看法时说道："我认为应绞死它的发起人。"还有一句来源已不可考的双关语"Le mur murant Paris rend Paris murmurant"（围住巴黎的墙使巴黎怨声载道）开始传遍巴黎大大小小的沙龙。

到 1789 年夏天，巴黎人民所抱怨的不止是关税围墙，但它却是一个明显且便利的攻击目标。7 月 13 日，城墙即将完工，巴黎市民开始攻击这座城墙，还放火烧了勒杜所建的多数收税站（事件发生在军火库第一次火药危机期间，恰好在巴士底狱遭到攻击的 24 小时前）。两年后，马拉借着关税围墙的争议又发起了一次对拉瓦锡的攻击，他在自己的小册子《现代骗子》（*Modern*

Charlatans）中写道："如果你问，他做了什么事能受到这样的高度称赞，我会回答说，因为他敛财 10 万里弗尔，因为在他的推动下，巴黎变成了一座大型监狱，因为他把酸叫成氧气，把燃素（phlogiston）叫成氮。瞧呀，他顶着永垂不朽的头衔，为自己的崇高举止而骄傲，正酣睡在自己的桂冠上呢。"

马拉对拉瓦锡的恨意可以追溯到 1779 年，当时马拉这个狂热的记者和煽动家（正如他最终在历史上的形象）正在努力追求科学界的尊重与地位，而马拉所追求的，拉瓦锡早已拥有。1779 年 4 月，马拉向本杰明·富兰克林和院士巴尔塔扎尔·乔治·萨热（Balthazar Georges Sage）、让-巴蒂斯特·勒鲁瓦（Jean-Baptiste LeRoy）和特吕代纳·德·蒙蒂尼（Trudaine de Montigny）等人演示了一系列光学实验，据说可以用肉眼看到"火质"或"火流体"。他炮制了一套理论来解释他的实验现象："火是由体内所含火流体颗粒的活化引起的。"科学院的评议者们称赞了马拉实验的独创性，但对他提出的理论不予置评。

尽管如此，马拉仍不断要求科学院推荐他有关光、颜色和火的理论。然而当拉瓦锡加入科学院新的评议小组时，马拉却反对他参加自己的实验。拉瓦锡本人早在 1772 年就进行了更为严密的燃烧实验，马拉可能已经预料到自己的想法和实验不会受到拉瓦锡的青睐。总之，只要拉瓦锡能够出席，实验都会因阳光不足而被推迟。迫于马拉紧逼不舍的要求，科学院最终在 5 月 10 日给予回复："详细介绍它们是没有意义的，委员会成员们皆认为这些理论不会得到认可或支持。"

一个月后，《巴黎日报》（*Journal de Paris*）却刊登了马拉关于"火质"（matter of fire）的实验和理论，并且看上去像是获得了科学院的支持。拉瓦锡注意到这一虚假的说法，并公开予以否认。由于最终被科学院回绝，马拉对科学院尤其是拉瓦锡产生了强烈敌意。只要一抓住机会，他就会对科学院与拉瓦锡发起攻击。

实际上，马拉关于光、颜色和"火流体"的假设与当时的其他伪科学假说有些相似。科学院有一部分使命是裁定各种理论在科学上是否具有合理性——这也是拉瓦锡特别感兴趣的地方。同时，正统科学的整体定义正在发生变化，拉瓦锡本人认为这种变化是革命性的。

拉瓦锡在科学院早期的任务之一就是研究探水杖——一种传统的民间器具，持杖者可以通过观察探水杖的运动来勘探地下水。拉瓦锡用理性且得体的方法驳斥了这一做法："水几乎无处不在，人们在挖井时大多都能挖到水。因此，在已有的探水案例中，没有什么不寻常的东西，也没有什么特别的人；探水杖有时会因持杖人而发生人为的转动，由此，一些善良的人会被欺骗，将本是靠自己实现的成果归结为外部原因。"

1784 年，拉瓦锡参与了一个委员会，该委员会的成员不仅有像本杰明·富兰克林一样杰出的科学人才，也有即将臭名昭著的吉约坦医生。当时安东·梅斯梅尔（Anton Mesmer）发明的动物磁力疗法在法国风靡一时，委员会就这一动物磁力学说开始进行调查研究。随后几年，"梅斯梅尔疗法"成为催眠术的代名词。值得注意的是，在我们这个时代，虽然人们认为催眠术只有心理作用而没有实质作用，但也承认催眠术确实有效，我们现在所采用的催眠疗法与 18 世纪的梅斯梅尔疗法没有太大不同。但梅斯梅尔并不承认自己的方法是催眠术。他声称并几乎认定，他的方法是通过操纵一种无形的能量来起作用的，比如富兰克林所发现的电，还可能是燃素。然而事实证明，燃素同梅斯梅尔的动物磁力一样，并不存在。

梅斯梅尔的磁力方法类似于一种降神术，在科学院开始关注它时便已在业界广泛传播。参与者坐在一个盛满湿沙、水瓶、铁屑、铁棒及其他磁性材料的低矮浴盆的周围。为了被"磁化"，他们抓住彼此的拇指，还用线缆将自己与他人及铁棒缠绕在一起。此时，轻缓的音乐响起，催眠师舞动双手，操纵充盈在空气中的"磁性流体"。大多数人会对这种催眠术有所感觉，因此大多数催眠对象很可能会进入某种程度的被催眠状态。

拉瓦锡将在其他研究领域使用的证据筛选法带入催眠术研究。像探水杖下面偶然出水的现象一样，梅斯梅尔催眠术会产生一些作用是无法否认的（在较易感的受试者中可以引起抽搐，这一点可以为"磁力"的存在提供证据）。然而，催眠师却难以解释这种现象产生的原因。通过排除法，拉瓦锡确定，只要通过暗示和触摸，就可以在没有磁石的情况下产生相同的效果。拉瓦锡写道："没有磁性的情况下，想象会产生所有归因于磁性的影响。没有想象的磁性不会有任何作用。"

科学院委员会报告称，所谓的催眠术就是一派胡言。在此基础上，法国政府发起一次大规模运动，成功地根除了一个相当于邪教的催眠极端组织。然而，许多催眠术的信奉者仍很难被说服，尽管梅斯梅尔催眠术的理论站不住脚，但相比于传统催眠术，梅斯梅尔催眠术确实产生了真正的治疗效果。梅斯梅尔的信徒数量巨大，其中一些信徒拥有强大的影响力，在大革命时期更是如此。这些人里有马拉和他的朋友雅克-皮埃尔·布里索（Jacques-Pierre Brissot），像马拉一样，布里索试图加入新近的科学团体，但未能如愿，继而转向了日益具有煽动性的新闻业，他还将在恐怖统治前的雅各宾派政府里扮演至关重要的角色。由此，布里索开始将炮火对准科学院，称其为专制的机构（科学院的权力确实来源于王权）。"科学国度里不分君主、贵族及选举人，"他写道，"允许君主、贵族或者授权的选举人来决定天才的产生，是在侵犯事物的本质和人的思想自由。"

在处理催眠术事宜时，拉瓦锡可能并没有任何偏见。他对已有的观点一直持有怀疑态度。人们最近已经证实无形的电能是一种真实存在的物理现象，况且拉瓦锡最重要的研究计划是围绕燃素研究展开的。但他也非常认真地研究了催眠术，并就此问题撰写了一篇论文。在这篇论文里，拉瓦锡明确陈述了自己有关科学严谨性的观点：

> 从实验和观察中得出结论的技巧在于评估其概率，并估计概率是否足够大且足以构成证明。这种估计概率的方法比我们想象的要复杂和困难得多；它要求估算者具有很高的智慧，这通常超出了普通人的能力。
>
> 正是由于人们在这种计算方法中的错误，才使骗子、巫师和炼金术士获得成功；同样，也使得魔术师、附魔论者，以及所有自欺欺人或试图滥用公众信任的人有机会得逞。

字里行间透露出不少贵族的傲慢，这一点或许连拉瓦锡本人也没有意识到。

第二章　走出炼金术

Out of Alchemy

见此图标
微信扫码

辅助阅读：炼
金术、拉瓦锡
与现代化学。

拉瓦锡十几岁时就读于马萨林学院。从那时起，他就对化学很感兴趣。当时拉普朗什在马萨林学院开设了三个阶段的化学课程：第一年讲授"科学词典"，第二年讲解其背后的思想，第三年才开始讲解"真正的知识"。作为学生，拉瓦锡发现这些课程的安排并不合理。他后来写道："科学的研究方法竟然存在如此多的模糊之处，这让我感到很惊讶。在起步阶段，他们只提供假设，而非实证。他们向我展示完全无法定义的词汇，或者说是用对我而言完全陌生的知识来定义的词汇，而我只有在学完整个化学体系之后才能掌握它们。而在一开始教我的时候，他们就想当然地认为我应该知道。"

这样的困惑，正是拉瓦锡成年后所热衷研究的。与此同时，虽然拉瓦锡长期受到这样含糊的化学指导，但他却在马萨林学院拉卡耶的数学和"精确科学"（化学在当时还不属于精确科学）课上学到了更清晰且更具条理的研究方法。在拉卡耶的指导下，拉瓦锡变得（如他所说）"习惯了数学家的严谨推理方式。在前面的步骤尚未明了的情况下，数学家们绝不声称他们证明了一个命题。世界是普遍联系的，从点到线，甚至到高深的几何学，一切皆是如此"。拉卡耶不仅强调推理过程的严谨性，还同样重视表达的清晰和术语的准确，正如他在自己的研究中用法语代替了当时各个领域的学者一直使用的拉丁语。当时的百科全书派、启蒙主义者们致力于简化法语，使法语变成了一门清晰简练的语言，不久后，法语将取代拉丁语成为所有学科的国际语言。

在马萨林学院完成学业后，拉瓦锡在皇家植物园跟著名的化学家鲁埃勒学习了一系列化学课程。法国启蒙运动中许多新兴的科学家也学习了这些课程。在 18 世纪 60 年代，紧跟最前沿的研究，鲁埃勒的化学课程在很大程度上是基于德国化学家格奥尔格·恩斯特·施塔尔（Georg Ernst Stahl）的理论。但与施塔尔不同的是，鲁埃勒对化学有一种相对务实的动手态度，他将化学定义为"一门通过仪器将几种物质分离，再将它们结合起来，重新认识其结合物的特性，并使它们对其他几门学科有价值的艺术"。鲁埃勒的实验操作还体现了综合分析的研究技巧。作为一名有天赋的实验者，鲁埃勒知道怎样呈现生动的实验效果，给学生留下深刻的印象，有时课堂上还会发生一些意料之外的爆炸。尽管鲁埃勒推动了化学的量化发展，但他仍旧保留了某些炼金术的观点，并曾试图将其与新兴经验主义的元素理论相结合。然而，这两种思想根本无法结合，因此他的教学出现了一些混乱。

提及鲁埃勒时，拉瓦锡写道："这位著名的教授运用了许多方法来呈现自己的想法，但在具体阐释想法时，又出现了许多令人费解之处。"无论拉瓦锡想抱怨什么，这个说法都显得既矛盾又令人困惑，但这也表明这位学生对老师和课程既印象深刻，也感到不满。拉瓦锡的不满在接下来的行文中愈加明显："我试图对当时的化学研究现状有一个清晰和准确的认知。然而事实却是，我花四年时间学习的这门学科仅建立在少数事实上。不仅如此，这门学科还充满了大量完全不相关联的观点与未经证实的假设，它甚至没有教学方法，也不具备科学逻辑性。基于这一点，我意识到自己必须从头开始研究化学。"这看起来确实是一个激进的声明，但也表明了拉瓦锡推倒这一摇摇欲坠的化学体系并从零开始构建它的决心。

拉瓦锡在 18 世纪中叶的化学中所发现的模糊之处，多数来源于中世纪和文艺复兴时期的炼金术。炼金术涉及多个领域，是一个笼统的概念，与现代精确科学的标准相去甚远。20 世纪的作家，如约瑟夫·坎贝尔（Joseph Campbell）、诺斯罗普·弗莱（Northrop Frye），以及最著名的哲学精神分析家卡尔·荣格都不认为它是一门精确科学，而是将其视为披着虚假化学外衣的哲学或宗教体系。虽然荣格赞同炼金术学术系统的大致框架，但也仅仅是认为炼金术是人类"自性化"① 过程的隐喻。

炼金术充斥着神奇的幻想，炼金术士不仅期望能将贱金属变成金银，发现或制造"贤者之石"②，甚至还追求人类永生。这些追求是不切实际的，至少在物理层面上不能实现。尽管现代科学证明了金属间的转变是可能的，但事实证明这种转变并不值得人们费那么多力气，花那么大代价。17 世纪，一位幡然醒悟的炼金

① 分析心理学认为，意识和无意识之间具有一种相互渗透的作用，是一种心理能量的动力性补偿的过程，二者能量守恒或"此消彼长"。它们这种互补互动朝向更高的自性，也就是一种"自性化"的过程。在这里，炼金的过程类似于人精神世界自性化的过程。
② "贤者之石"指的是古代西方炼金术士们眼中可以点石成金、制造出不老药的物质，也被称为"点金石"。

术士谴责炼金术是"一个癫狂凄凉的幻想"。

炼金术士认为，炼金术蕴藏着极其宝贵的秘密。为了保守这些秘密，他们故意使用最晦涩的语言。贝尔纳德·特雷维桑（Bernard Trevisan）的《秘密化学哲学》（*De secretissimo philosophorum opere chemico*）中有一个寓言："贝尔纳德在与人争吵过后，来到旷野散步。他在一个漂亮的人造喷泉旁遇见了一位老人。老人告诉他，这个喷泉是专为国王洗浴用的，还会有专门的侍从为国王加热喷泉水。贝尔纳德询问了这位老人许多有关国王和喷泉的问题。最终，贝尔纳德昏昏欲睡，不小心将一本金子做的书（他通过学术辩论所获的奖品）掉进了喷泉，为了取回书，贝尔纳德将国王的喷泉抽干。因为这件事，他被关进了监狱。贝尔纳德刑满释放后，又重返回喷泉地，发现喷泉已被云朵覆盖。"

17世纪的炼金术士乔治·斯塔基（George Starkey）受到了这一神奇事件的启发，将这种玄幻的寓言解释为一种化学公式。如历史学家威廉·R. 纽曼（William R. Newman）和劳伦斯·M. 普林西比（Lawrence M. Principe）所述：

> 首先，他（斯塔基）注意到国王（斯塔基通常认为他代表了"金"）沐浴时，"遣退了所有仆人（金属），只留下了一位门卫"。因此，在这里看来，铁（一种较少的金属，也是国王的仆人之一）也必须"退下"。门卫当然是"银"，或者是金和汞（即国王和他的浴池）之间必要的媒介，斯塔基当时称其为精炼锑。斯塔基注意到贝尔纳德声明："门卫是世界上最简单的差事，每天的工作就是烧洗澡水（通过制造铝液）。如果'门卫'是混合物，就与他上文说的'简

单'不符。因此，'门卫'不是混合物。"斯塔基解释了贝尔纳德对"简单"的定义，在这则寓言中，"简单"这意味着门卫是纯的——"homo valde simplex, imo simplicissimus hominum"，即成分单一的非混合物。这意味着应当将纯净"简单"的精炼锑加入进黄金（国王）中，而不是将精炼锑加入铁中。接着，斯塔基指出，贝尔纳德问老人，国王的仆人有没有和他一起洗澡，"回答是没有，如果只是国王一个人洗澡，那么门卫就不是铁"。

　　这些不知所云的文字确实是疯子的幻想。直到拉瓦锡时代，几个世纪所流传的，无论是古希腊科学家的元素理论，还是启蒙运动中科学家提出的关于化学的命题，都带有这种稀奇古怪的色彩。炼金术士花费了大量的时间和精力对信息进行编码和解码，结果却使那些以前清晰明了的事实变成了科学上的疑题。荣格的论点没有错，如果从心理学和哲学的角度来解释炼金术，而不是将其作为一门精确描述和解释物质现象的科学，会有更广泛普遍的意义。当然，科学的定义在拉瓦锡时代才刚刚成形。在古代以及炼金术的漫长历史中，科学一词指的是整体的知识，即有关宗教、哲学以及物质现象的知识。如果人们不能将物理学与形而上学区分开，那么形而上学那种非经验且非理性的方法就可以像今天狭义科学中所使用的实验分析方法一样，"合理"地解释所有现象。

　　荣格在一篇关于帕拉塞尔苏斯①的文章中指出："炼金术

---

　　①　帕拉塞尔苏斯（Paracelsus, 1493—1541），文艺复兴时期的瑞士医生、炼金术士和占星师。

士……独自工作……这种严谨的孤独，以及他对未知无穷无尽的专注，足以激发他的潜意识，并通过想象的力量，使过去显然无法成真的幻想变成现实。"荣格不是在刻意贬低炼金术。他的观点与拉瓦锡对想象在催眠术中作用的分析有些相似。在这一点上，帕拉塞尔苏斯做出了更加明确的解释："魔法师能够体验和理解人类理性无法想象的事物。因为魔法是一种伟大的秘密智慧，而理性是一种伟大的公开愚蠢。"

作为一种宗教哲学，炼金术最大的吸引力是能以魔法的角度直观地解释宇宙的秩序和规律。不幸的是，即使是炼金术里最巧妙的哲学和心理学观点也无法得到证实。几个世纪以来，炼金术士一直试着作出辩护，他们认为："在炼金术中，通过实验证明理论并不是关键。实验的功能性首先是要说明理论的真实性。实验的成功只能证明操作者对实验的标准非常熟悉。实验的质量也只是直接反映人们对理论的理解程度。即使实验失败，也不会削弱理论的正确性。"

换句话说，炼金术类似于宗教信仰，因为它（在必要时）蔑视逻辑，对难以说明的事实视而不见。在这方面，炼金术理论与实践的关系几乎成了现代科学的完美倒置。对于即将诞生的现代化学而言，炼金术世界必须被颠倒过来。17世纪，炼金术世界已经开始动摇了。

到17世纪，炼金术并不全是神秘咒语，也不像过去一样充斥着魔法思维，出现了斯塔基和罗伯特·玻义耳（Robert Boyle）等变革者。虽然他们学习炼金术知识，但也开始对其真实性进行检验。玻义耳深受弗朗西斯·培根（Francis Bacon）的演绎方法影响，在《怀疑派化学家》（*The Sceptical Chymist*）中提出了比以往更重视经验的化学方法。当实验结果与现有理论不符时，玻义耳和他的同僚们不会无视这些实验结果，而是将这些"失败的"实验视为对现有理论的挑战——作为制定新实验程序的条件，并相应地修正理论。但同时，玻义耳坚持认为金属间的转变是可以实现的，并且总有一天人们会发现贤者之石。由于玻义耳、斯塔基、扬·巴普蒂斯特·范·海尔蒙特①等人的做法既与早期的炼金术士的做法大为不同，也和现代化学家的做法相去甚远，历史学家纽曼和普林西比将 17 世纪的过渡科学称为"造物术"。

　　与炼金术同时存在的，还有一种关于金属开采提炼的传统知识。16 世纪中叶，乔治·阿格里科拉②将这种传统知识编写成了冶金手册。这种冶金传统知识的观点和意图与炼金术相反，因此更接近现代科学。当时的矿厂和精炼厂对清晰易掌握的工艺知识很感兴趣，它们的做法也完全基于结果。其工作程序需要由受过专业培训的人来进行，以确保工作结果的可靠性。并且，工作过程中所用到的术语必须清晰且前后一致。加密的炼金术文本使阿格里科拉感到恼火，他写道："所有的内容都很难追溯，因为写这些东西的作者使用的是稀奇古怪的名称。这些术语根本不属于金属类名词，对于同一物体，这些炼金术士一会儿使用这个名称，一会儿使用另一个名称，而且都是他们自己发明的。"
　　相比于炼金术，传统冶金学的成果则要丰硕得多。传统冶金

---

　　① 扬·巴普蒂斯塔·范·海尔蒙特（Jan Baptista van Helmont，1579—1644），比利时化学家、生理学家、医生。
　　② 乔治·阿格里科拉（Georgius Agricola，1494—1555），德国学者，被誉为"矿物学之父"。

学所发现的金属种类比炼金术更多，还产生了更为可靠的矿物词典。拉瓦锡与盖塔尔进行矿物学考察时，参照的也是传统冶金学。因为采矿和冶金技术能为人们带来广泛的经济效益，所以当炼金术还处于神秘并刻意晦涩难懂的阶段时，采矿和冶金知识则处于更加开放的状态。尽管他们的态度截然不同，但是炼金术和冶金学都涉及珍贵金属，同样使用熔炉、坩埚和蒸馏装置。炼金术和冶金学也都致力于通过火来精制和净化元素。

现代元素周期表包含 100 多种元素，它的原型是拉瓦锡及其同事于 1787 年发布的化学命名表。在这个表中，拉瓦锡和他的同事列出了 55 种化学元素。拉瓦锡的化学命名表为整个元素的概念带来了根本性的变革。在拉瓦锡对定义和概念进行整合重组前，西方科学界一直是对古代元素理论修修补补。

古代元素是根据人们对它们的直接感受而定义的，不包含化学分析或化学分解操作。中国古代的五行理论根据道教的对立性确定了五种元素——金、木、火、水、土。金和火被视为阳元素——代表热、明亮和阳刚；而木和水是阴元素——代表凉、暗和阴柔；土则具有中性性质，处于阴阳两极之间。人们根据所含五种元素的比例来理解化合物。五行理论是中国炼金术的基础，某种程度上与西方炼金术有异曲同工之妙。中国的五行也追求金属间的变换及人类的永生。

公元前 450 年左右，希腊哲学家恩培多克勒（Empedocles）提出了四种元素：火、土、空气和水。亚里士多德为这四种元素添加了四种"特质"：他将火定义为干、热，水定义为冷、湿，空气定义为湿、热，土地定义为冷、干。与中国的五行理论一样，化合物被理解为由不同比例的四种元素构成的混合体。大自然给元素组合赋予了品质，产生了从地下开采出来的金属。西方炼金术认为这种自然过程可以被人为复制，并将贤者之石视为将金属品质强加于"原始物质"上的途径。

文艺复兴时期，西方炼金术与赫尔墨斯主义交织在一起。赫尔墨斯主义认为宏观宇宙与微观宇宙之间存在类似于魔法的对应关系。例如，他们将宇宙的宏观系统与人体的微观系统相对应。同样，金属在古代行星系统中也有对应的星球：铅对应土星，铜对应金星，铁对应火星，银对应月球，金对应太阳，以此类推。通过这种对应关系，化学词汇开始吸收占星术用语。因此，占星术对炼金术具有重要意义。

中西方的炼金术都涉及健康与财富。17世纪，炼金术还吸收了斯塔基、玻义耳等催眠术家的新生药理学思想——他们从自己研制的药物和配方中获利。西医的基本原理来源于希腊人盖伦的思想，他提出四种类似于亚里士多德四个元素的四体液论，根据体液平衡定义人体健康状态。在炼金术的运用方面，相对于冶金学，帕拉塞尔苏斯更多将其运用于医学，他反对希腊的四体液论和元素体系，声称人体内只存在三种元素——硫、汞和盐——这三种物质既对应宗教的圣三一，又对应人的三位一体，即"生命的精神、灵魂和身体"。根据帕拉塞尔苏斯的说法，炼金术的所有发展都受这种三位一体原始机制的控制。

作为医生，帕拉塞尔苏斯有丰富的临床经验（例如，他是第一个发现矽肺病——一种矿工易患的肺部疾病——病因的人），但理论上，他仍然是一名形而上学者和炼金术士（自称）。他的理论并没有撼动亚里士多德四元素论的欧洲正统思想地位，但确实在整个 17 世纪都具有广泛影响力。在类似于有机化学的构想下，帕拉塞尔苏斯将生命过程视为炼金术。他认为上帝是造物主，是"最高等的炼金术士"。帕拉塞尔苏斯及其追随者反对亚里士多德的定义方法（例如 16 世纪的植物命名法），因为这些定义方法具有描述性和经验性的特征，而在帕拉塞尔苏斯看来，这些特征没有把握住真实定义必须依赖的普遍对应联系："在这个广阔而生机勃勃的宇宙中，真正的治疗师必须要能揭示微观世界和宏观宇宙之间的隐藏关系，并解释上帝在每个单一物体中隐藏的特征。"

在将帕拉塞尔苏斯视为狂热的幻想家之前，把他与真正的物理学家艾萨克·牛顿（Isaac Newton）进行比较，会有些启发意义。牛顿在提出万有引力和其他物理学基本定理的几十年中，也一直在研究炼金术，对炼金术的研究贯穿了牛顿整个的科学研究生涯。牛顿的物理学定律（至少在牛顿看来）最初是上帝创造的。像帕拉塞尔苏斯等大多数炼金术士一样，牛顿将自己看作一名发现者，自己发现的东西都是上帝留在自然界的神圣财产。因此，牛顿物理学归属于形而上学。牛顿将宇宙看作一个整体，在这一点上，他与哲学家、炼金术士和神秘主义者没有区别。拉瓦锡虽然深受牛顿物理学逻辑严谨性的影响，但他通过更集中地关注牛顿物理学中更小的组成部分，开始解构这种整体宇宙观。

罗伯特·玻义耳来自乡下，是牛顿的同事。他希望像牛顿将物理科学化那样使化学也变得科学起来，但在这方面他并没有牛顿那么成功。在《怀疑派化学家》中，玻义耳同时对亚里士多德和帕拉塞尔苏斯的元素概念理论发起挑战。17 世纪，化学家们开始质疑亚里士多德的元素理论，开始认为元素是混合物，而非亚里士多德所说的单一纯净的物质。玻义耳认识的另一位炼金术士范·海尔蒙特称，水同时含有汞和硫——帕拉塞尔苏斯三位一体元素理论的两种基本元素。

玻义耳还用火来进行分析，动摇了三位一体理论的权威。通过各种实验，他得出结论："用火将某一种结合物分解得到的各种物质，并非全是元素学说中所提到的元素，而是将部分元素融合进新的化学结构中从而产生的一种新的结合物。"玻义耳让读者以分析的方式去思考："树木燃烧，大火消散后，树木变成了青烟和灰烬。这其中除了灰烬土和盐这两个不同的元素以外，人们在附着于烟囱的煤灰中也发现了盐、油、气和土（以及部分黏液）等元素。这些元素都在火的作用下几乎同时挥发出来（易挥发的元素也许会带动相对稳定的元素，正如我经常在铁丹实验中尝试的那样，通过加入盐卤来促进升华过程）。这些元素可能还会因为火的大小变化而分开，通过火的不同大小，我们可以区分出不同物质的挥发性。"

简而言之，木材通过燃烧分解后，会产生更多的复合元素，而不是纯净单一的元素。同时，玻义耳还记录了，不管温度多高，纯金都不会被分解。尽管金和银很容易被硝镪水或王水分离，但在燃烧中，如果加热"液化的金银混合物……尽管温度很高，但金和银并不会出现分离现象"。玻义耳通过蒸馏血液，发现了"黏液、气、油、盐和土"五种物质，但这五种物质并不全是元素论中提到的基本元素。其他元素论的怀疑者还通过沸煮来蒸馏鳗鱼，最终确定"鳗鱼似乎也只是凝结的黏液而已，并不存在元素论中的那些基本元素，沸煮毒蛇也得出一样的结果"。

　　秉持着基于经验主义的怀疑态度，玻义耳得出了与元素理论全然不一致的实验结果，即通过火分解不同物质，不能得到同一组基本元素，这一结果使得当时的元素理论失去立足之地。玻义耳已经意识到"火分解物质的同时，也可能改变了物质的结构，因此，我们可以通过火从混合物中创造新物质"，也就是说，燃烧会形成原本不存在于物质内的新化合物。

　　17世纪末18世纪初，出现了一位名叫乔治·施塔尔（Geory Stahl）的德国科学家。他的科学研究基于德国早期实验者约翰·约希姆·贝歇尔（Johann Joachim Becher）的理论。贝歇尔在帕拉塞尔苏斯的元素理论基础上提出了新的理论，将空气、土和水作为三种基本元素。亚里士多德提出的第四种元素"火"已被排除在基本元素外。贝歇尔进一步提出，金属和矿物由三种不同的土壤构成，其中一种是易燃的"油状土"。海尔蒙特（帕拉塞尔苏斯的追随者，在某些方面是贝歇尔的导师）曾用希腊语"phlogistos"表示易燃性，贝歇尔沿用这一术语，施塔尔则将phlogistos称为"燃素"。

　　牛顿的追随者期望能用"力具有相互作用"这样的物理定律来解决化学问题，就像运用牛顿物理学解决物理问题那样。但是施塔尔并不赞同这种做法，他对"聚合物"和"混合物"进行了区分（贝歇尔也曾这样做过，但施塔尔做得更好）。"聚合物"是受物理作用形成的机械聚合物，例如倒进罐子摇匀的沙。相反，混合物只有通过化学反应才能形成。因此混合物才是真正的化合物。施塔尔将化学定义为"一门通过各种方法分解天然混合物的艺术"，即对化合物的分析。

　　在施塔尔来看，火不是元素而是工具，它不是任何混合物的成分，而是有助于混合物形成的工具。在施塔尔有关腐蚀、燃烧和煅烧的理论中提到，贝歇尔的油状土——施塔尔的燃素——是通过火发生变化的物质成分。

　　施塔尔认为生锈是燃烧的一种放慢形式。他认为，金属生锈或可燃物质燃烧时，会失去一部分燃素。煅烧过程与上述过程类似，在煅烧过程中产生了一些物质，在现代科学中，这些物质被称为氧化物，而在 18 世纪的化学中，这些物质被称为矿灰（calx），其化学成分与开采出来的原始矿石相同。根据施塔尔的理论，用木炭熔炼矿石来精炼金属（一种在采矿和冶金传统中广为人知的实用做法）时，燃素会从木炭转移到矿石中，从而得到一种精炼金属。煅烧中，金属受热还原成矿石时，会向周围大气释放燃素。

　　理论上的燃素是"火流体"，具体而言，是具有可燃性的"硫黄土"。例如木材、木炭或硫黄等物质可以燃烧，是因为它们内部富含燃素。现代化学认为，当可用的氧气耗尽后，密封空间里的火焰会熄灭。施塔尔用相反的方式解释了这种现象：当燃烧的物质释放完其所有的燃素，并且周围的空气饱和到不再支持燃烧时，火就会熄灭。此外，施塔尔推断，木材易燃的原因是其吸收了物质燃烧过程中所释放的燃素。

　　燃素理论虽然是错误的，但也有一定作用。它有基本的科学特性，能用一个自洽的观点解释大量化学现象。因此，18 世纪中叶的化学家大多对燃素理论深信不疑，燃素学说也成为当时知识分子的必备常识。伊曼纽尔·康德在《纯粹理性批判》中称赞施塔尔的理论是标志着科学进步的里程碑："当伽利略让他的球以他自己选定的重量向下滚过斜面时，当托里拆利让空气托住一个他事先设想与一个他已知的水柱的重量相等的重量时，或者在更晚近的时候，当施塔尔通过抽出和归还某种东西而使金属变成钙盐又把钙盐再变成金属时，在所有的自然研究者心中升起了一道光明。"

18 世纪 60 年代，拉瓦锡还是一名学生，施塔尔的研究是当时最先进的。在鲁埃勒的课上，拉瓦锡第一次接触到了燃素，但鲁埃勒所讲授的燃素知识与施塔尔的燃素理论有所不同。在施塔尔的理论中，燃素是进入混合物的"元素"，而火是一种工具，从外部促成混合物的形成。鲁埃勒的化学课程则将火与燃素区分得更完全："我们认识到一共有四种元素——燃素或火、土、水和空气。"同时，鲁埃勒的一些观点完全属于炼金术，例如："贤者之石不过只是金与汞（尤其是含有燃素的汞）发酵产生的结果。这就是我对于许多没有知识的人所谈论的金属转变这一话题的看法。"

后来，拉瓦锡发现，鲁埃勒的化学课程虽然值得钦佩，但也令人沮丧。1766 年，拉瓦锡购买了施塔尔的一本有关硫的拉丁语手稿，阅读这一手稿后，他意识到有必要"重新开始化学研究"。这本书中，拉瓦锡在煅烧和燃烧的相关部分做了很多批注，因为这是施塔尔燃素理论的基础。经过对施塔尔理论的研究，拉瓦锡首次提出了一种基于经验的系统化学理论。尽管拉瓦锡最终会推翻施塔尔的燃素理论，但他也肯定燃素理论的作用："在化学史上，燃素理论是第一个不仅反映事实，且试图解释现象的理论。"

1793 年，拉瓦锡正受到马拉的纠缠，在包税总会的问题上遭到大众的质疑。同一时期，孔多塞侯爵[①]躲进了朋友韦尔内夫人（Madame Vernet）位于巴黎的地下室。孔多塞虽然不久前还是罗伯斯庇尔的同事，也是公共安全委员会的成员，但由于公开抗议同年早些时候通过的《雅各宾宪法》（*Jacobin Constitution*），此时成了恐怖统治攻击的目标。他在韦尔内夫人家中藏匿了 9 个月，其间起草了《人类精神进步史表纲要》（*The Sketch for a Historical Picture of the Progress of the Human Mind*），简明扼要地总结了从史前时期到自己所处时期的人类发展历史。孔多塞完成这部作品后，现身大众视野，立刻被逮捕入狱，不久后便在监狱中去世，死因可能是自杀。

与拉瓦锡的观点相似，孔多塞肯定了牛顿的广泛影响："我们要将微积分的发明归功于牛顿和莱布尼兹，上一代几何学家的努力为微积分的发明打下了基础……代数学语言是目前唯一真正精确的分析性语言，当我们要讨论它的结构、原理，讨论这门科学的技术方法的性质，以及它们如何与人类理解的自然运算方法相比较时，我们应当表明，即使这种方法只与数量科学有关，但其中仍包含一些通用原理。"

在介绍了牛顿的万有引力定律的数学解释后，孔多塞补充道："牛顿所做的不只是发现自然界的普遍规律，他还教导人们在物理学中只能接受精确的数学理论，这些理论不仅能解释某种现象的存在，还能解释这种现象的数量和范围。"在这本书里，孔多塞还回顾了推崇牛顿方法论的启蒙运动。启蒙运动不仅将旧

---

① 孔多塞侯爵（Antoine-Nicolas de Caritat，1743—1794），18 世纪法国启蒙运动时期最杰出的代表之一，同时也是一位数学家和哲学家。1782 年当选法国科学院院士。

自然哲学的分支转变为精确的数学科学，同时还改革了人类知识的其他分支——政治学、形而上学、历史学。这场运动也促进了公制的建立（这是孔多塞写作时，拉瓦锡正从事的工作），推动了法国大革命历法的确立（虽然这一历法的成就有待商榷）。在孔多塞写作时，法国大革命历法试图将历史回归零年。

在拉瓦锡完成他基础性的工作之前，化学还是一门培根式而非牛顿式的科学——里面充斥着大量真假混杂的知识，没有任何理论将其整理归类。事实证明，即使在拉瓦锡的主导下，化学也无法与牛顿学说和纯数学知识完全兼容。但拉瓦锡还是很早就设想根据实验物理学取得的巨大成果，为化学提供新的研究方法模型。实际上，拉瓦锡并没有将物理与化学这两门学科完全区分开，从一开始，他就认为自己既是物理学家又是化学家。1766 年，在他对科学院发起批评的初期，他便要求科学院更加重视物理学："实验物理学已经走出了早期化学家①的阴暗实验室，并开始采取新的形式，在大量实验和事实的基础上稳步发展。"拉瓦锡打算在同样坚实的基础上建立化学，使化学实验摆脱炼金术的阴影。

康德也和孔多塞一样将数学视为"通用工具"，认为"真正的科学"必须具备数学基础，并在《自然科学的形而上学基础》(*Metaphysical foundations of National Science*) 中指出，化学不能成为真正的科学，因为它依赖基于经验的集合外加事实归纳，而非理论公理。拉瓦锡与老师拉卡耶则一致认为，数学源自对自然界的量化观察，因此应被视作"一种基于经验知识的高度形式化的

---

①　（原注）这里指的是玻义耳及他的沸煮毒蛇实验。

陈述方式"。

18世纪60年代初（拉卡耶去世后不久），拉瓦锡参加了物理学家让-安托万·诺莱（Jean-Antoine Nollet）的讲座。诺莱在化学领域推崇的是笛卡尔主义，但这一观点不久后将受到他的同事和竞争对手乔治-路易·德·布丰（George-Louis de Buffon）的质疑。布丰也是科学院的成员，但他支持的是牛顿的观点。通过向拉卡耶和诺莱学习，拉瓦锡奠定了坚实的实验物理学基础。在他为进入科学院而努力的那些年里，诺莱与布丰两人的争论让他第一次直观感受到：人们对新兴科学的接受程度会受到政治因素的影响。

最后，诺莱在这次斗争中败下阵来。布丰发现，本杰明·富兰克林的电学发现可以取代诺莱的相关观点，就利用法语版的富兰克林著作来破坏诺莱的名声，并很快宣称诺莱"正为此事垂头丧气"。实际上，该问题的争议使法国的电学研究陷入了僵局。思想新锐的拉瓦锡已经察觉到了这一点。同时，由于布丰推动了牛顿式化学的发展，他的地位超过了诺莱。牛顿式化学正是试图将化学解释为一种类似于引力定律的精确理论。

拉瓦锡对这种抽象层面的讨论通常持怀疑态度。他21岁时起草了第一份化学课程改革概要，该概要以诺莱的物理学课程为模型——拉瓦锡补充了实验演示。诺莱和拉卡耶都精通科学设备的设计，拉瓦锡对精密仪器和精细量化的浓厚兴趣也源于这两位老师——精密仪器和精细量化是实验物理学的特点，也是拉瓦锡想要运用到化学研究的首个物理特色。同样受到拉卡耶的启发，拉瓦锡提出将数学应用到科学数据的量化中。

科学理论必须源于对精确量化数据的解释——拉卡耶认为，

数学本身就是对经验信息的整理总结。拉瓦锡在《化学基础论》（*Traité élémentaire de chimie*）的序言中写道："预防错误的唯一方法就是压制理性，或最大程度地弱化理性的作用，因为理性完全来自主观，如果光靠理性，可能会造成误导。"18 世纪是一个理性的时代，作为这一时代的杰出人物，提出这一观点似乎有些奇怪，但拉瓦锡的想法是，当理论偏离事实时，交叉检验理论就变得极其重要，例如他用来揭穿梅斯梅尔催眠术的方法：验证催眠师的理论与他们声称的事实之间是否存在确定的联系。

"理性要不断接受实验的检验，我们应只保护自然且不具欺骗性的事实。只有在实验和观察的自然联系中才能找到真理，就像数学家通过给定的简单条件来解决问题一样。通过将理性简化到最小限度并最大限度地限制自己的主观判断，数学家就可以找到具有指导意义的证据。"根据拉瓦锡的方法论，经验事实永远是最重要的。按照几何证明的严格标准进行的实验演示可以将事实构建成持久的思想体系。

拉瓦锡检查实验证据时像夏洛克·福尔摩斯一样细致谨慎。他认为测量的精确度至关重要。因此，他对改进实验设备的精确性非常感兴趣。

17 世纪初，比利时化学家海尔蒙特进行了一项实验，到 18 世纪，许多科学家仍认为这项实验是水向土转化的示范。海尔蒙特在装有 200 磅土壤的盆中种下了一棵 5 磅重的柳树，并将盆盖上以防落尘，只往里面添加雨水。5 年后，土壤的重量没有改变，但柳树的重量增加到 169 磅。在海尔蒙特的时代，人们还没有发现光合作用在植物生长中的作用，燃素理论（施塔尔确实用它来解释植物的生长）也还没有出现。海尔蒙特认为，必须先将水转化为土，树的重量才会增加。

　　尽管拉瓦锡的早期实验已经否定了金属间的变换，但其他源自亚里士多德元素理论的物质的转变概念仍受到人们推崇。海尔蒙特之后的科学家从水可以转化为土的理论出发，解释了蒸馏水总在容器中留下固体残渣的现象。

　　18 世纪 60 年代后期，在对公共供水的研究中，拉瓦锡开始对物质转变这一课题感兴趣。他认为蒸馏残留的固体残渣更可能是在沸腾过程中容器被溶解后留下的玻璃碴。为证明这一点，他将 3 磅水倒入一个叫做"鹈鹕"（这个容器弯曲的空心把手可以作蒸馏管，就像鸟的翅膀一样，因此得名）的玻璃器皿中煮了 100 天。实验结束后，拉瓦锡发现容器里确实有残留物，但其重量几乎等于鹈鹕蒸馏器减少的重量。鹈鹕蒸馏器与水的总重量并没有改变。从容器到水转移的重量等于残留物中盐状物的重量。因此，拉瓦锡的假设——蒸馏水中的固体残留物源自容器上溶解的物质，蒸馏过程并不涉及元素转换——得到了证明。

　　这个问题实验有一个小缺陷：鹈鹕蒸馏器损失的重量为 12.5 格令①，而残留物中盐状物的重量为 15.5 格令。拉瓦锡觉得这个情况不值得关注，或者说（某种程度上这与他严谨的风格背道而驰），根据他的说法，这个差异无足轻重。

　　这个实验涉及物质的守恒定律，也称为质量守恒定律。直到 1785 年，拉瓦锡才正式表达了这一定律："即在一切人工操作和自然造化之中皆无物产生；实验前后存在着等量的物质；元素的

———————————

　　①　1 格令约为 64.8 毫克。

质和量仍然完全相同，除了这些元素在化合中的变化和变更之外什么事情都不发生。实施化学实验的全部技术都依赖于这个原理。我们必须永远假定，被检验物体的元素与其分析产物的元素严格相等。"

拉瓦锡因物质守恒定律而广受赞誉。其实在他之前也有人构想过这一定律。17 世纪的化学家，特别是海尔蒙特、斯塔基和玻义耳三人，都已经意识到实验时对材料的前后测量的重要性，尽管他们的方法和测量设备并不精确。1623 年，培根宣称："人类应该要求自然来给予他们死亡——也就是说，当人们察觉到自己的身躯即将死亡时，在弄清楚自己的尸体将去向何处、变成什么之前，都不应该接受自然之外的死亡方式。"早在公元前 450 年，阿那克萨哥拉①就认为："希腊人对万物的开始和终结的理解是错误的，因为没有任何东西被创造或被摧毁，万物都是之前就存在的东西的聚合或分散体。因此希腊人口中的'创造'应该是'混合'，'终结'则指的是'分解'。"

阿那克萨哥拉的"没有任何东西被创造或被摧毁"与拉瓦锡所说的"无物产生"非常接近。物质守恒定律在成为拉瓦锡实验方法的核心之前（在拉瓦锡正式提出该定律之前的 15 年里，他严格遵守这一定律，也许只是因为他觉得它很有用）已经存在了多个世纪。但是，从水的蒸馏实验开始，拉瓦锡就比前辈科学家都更加严格地遵守这一定律。

拉瓦锡在金融领域的工作不断强化了他对平衡理念的理解。在他职业生涯的每个阶段，他都是一名严格的会计师。拉瓦锡借

① 阿那克萨哥拉（Anaxagoras，约前 500—约前 428），古希腊哲学家。

用物理知识将金钱类比为"一种流体，其流动必然处于平衡"。平衡对称量实验材料的天平至关重要，也有利于提高仪器的精准度，这一直是拉瓦锡的关注点。

18世纪70年代初，拉瓦锡对亚里士多德四元素的研究工作已经进行了一半。他与盖塔尔一起进行的矿物学调查与土元素密切相关。他代表科学院对巴黎供水及其水质做了当时最彻底的研究。不久后，拉瓦锡开始研究空气。英国在气体研究上要比法国更加深入。英国化学家已经分离出了多种不同气体，尽管没有专门的术语来定义这些气体，对它们的具体特性也知之甚少。当时，人们仍认为这些定义模糊的气体在化合过程中是惰性而非活性的。施塔尔的理论仍是当时最先进的理论——认为空气只是化学反应的环境，而不是化学反应中的活性成分。

18世纪70年代，法国再次掀起钻石焚烧的热潮。钻石焚烧实验最早出现在一个世纪以前的托斯卡纳（Tuscany）大公科西莫三世（Cosimo III）的宫廷。托斯卡纳实验用大型凸透镜对价值6000弗罗林①的钻石和红宝石进行了24小时的高温照射，结果发现红宝石没发生什么变化，钻石却消失得无影无踪。到了18世纪70年代，包括拉瓦锡在内的法国化学家也加入热潮，进行了这种奢侈得夸张的化学实验。

该实验用到的巨大的精巧装置类似于罗马的投石车。该装置通过两个巨大的透镜（称为"凸透镜"）将阳光聚集，再将强光投射到盛有珠宝的坩埚上。实验过程中，实验操作人员还会佩戴

———————
① 弗罗林（florin）是当时在托斯卡纳流通的一种金币。

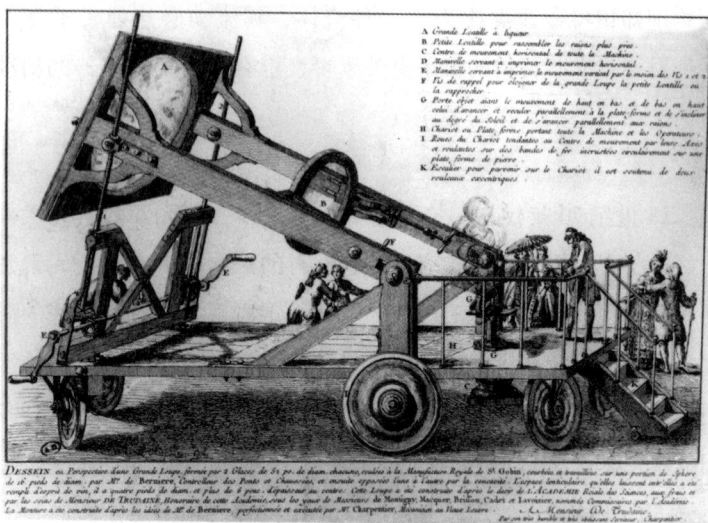

图为凸透镜装置，在实验中可以产生高温

护目镜，以防强烈的光线灼伤眼睛。该实验在卢浮宫科学院宿舍外的公主花园（Jardin de l'Infante）内进行，离塞纳河沿岸一条热闹的公共长廊不远。许多人来此围观，女士们可能对此印象深刻（也可能是感到惊愕）。当然，比起科学家对燃烧普通煤块的兴趣，人们对焚烧钻石的兴趣更大。

科学家们很快发现，钻石的消失与空气有关。与大气隔绝的钻石在煅烧中总是完整无损的。我们今天知道，钻石是碳的一种形式，只要有足够的热量，钻石就能与氧气结合，变成二氧化碳而消失。拉瓦锡一定设想过钻石会以气体的形式消失。1773 年春天，他进行了一系列实验，试图收集玻璃钟罩下煅烧钻石所产生的气体。但是，由于玻璃容器在高温下破裂了，他没能收集到气体进行测量，因此无法找到钻石分解的原因。

　　拉瓦锡注意到了气体化学中更有前景的方向——这一方向涉及金属煅烧。施塔尔的燃素理论称，金属受热形成钙的过程中会释放或失去燃素。然而，燃烧过程中生成的钙块为什么会比原始金属重呢？人们推测燃素应该具有一定重量（尽管它实际上并不存在，在当时也没有人能称量燃素）。本来应该失去燃素的物质，却出现了重量的增加，这一点违反了拉瓦锡奉为绝对公理的物质守恒定律。

　　出现这样的矛盾之后，用燃素理论来解释煅烧现象越来越行不通。据此，拉瓦锡向燃素理论发起挑战。作为回应，孔多塞写信表达了当时的普遍观点："如果说化学界存在公认的理论，那一定就是燃素理论。"当时著名的经济学家和物理学家杜尔哥，也是一名化学爱好者，在化学上也取得了相当大的成就，还受狄德罗邀请为法国《百科全书》（Encyclopédie）撰写过化学的词条。杜尔哥在关于矿灰重量增加的词条中写道："金属的重量增加是空气导致的。在燃烧过程中，燃素燃烧，空气与金属中的土元素结合并取代了燃素。燃素虽然有一定的重量，但燃素所包含的物质比空气更少，因此，燃素肯定比空气轻得多。"由于人们无法对燃素进行称量，这段话的观点难以证实。此时人们不仅认为燃素有重量，还进一步提出燃素比空气更轻。燃素理论逐渐变成各种化学反应的"解围之神"——带有近乎魔法的特性。

　　拉瓦锡很快就意识到了燃素理论的这一小缺陷。1773 年 2 月，他开设了一个新实验室，并制定了针对这一领域的研究计划：

　　　　弹性流体是物质经发酵、蒸馏，最后通过各种化合释放出来的物质。在对这一物质及其在各种化合过程中吸收的空气进行一系列实验前，我认为应该在这里写下一些反思，并制定出必须遵循的计划。

虽然此前黑尔斯①、布莱克、麦克布赖德②、雅坎（Jacquin）、克兰茨（Crantz）、普里斯特利和德·斯梅斯（de Smeth）等人已经对这一课题进行了大量实验，但这些还不足以撑起完整的理论体系……这一课题非常重要，我不得不再对它进行更深入的研究，我感到这是物理界和化学界的革命。我认为，应该带着警惕重做一切实验，将我们对空气的了解与已有知识联系起来，最后形成一种理论。

上文我所提到的不同研究向人们展示了一条伟大的化学链。这些研究构成了其中某些环节，但要让这条化学链具有连续性，还需要进行大量的实验。

尽管拉瓦锡曾公开对理论表示怀疑，但他最持久的成就是作为一个理论家——而不是作为一个发现先前未知事实的人。1773 年写下这些笔记时，他似乎已经知道了这个事实。

---

① 斯蒂芬·黑尔斯（Stephen Hales，1677—1761），英国神职人员，对包括植物学、气体化学和生理学在内的一系列科学领域作出了重要贡献。

② 戴维·麦克布赖德（David Macbride，1726—1778），爱尔兰医学作家，也做过对气体的研究。

第三章　氧气的发现

Le principe oxygine

　　尽管拉瓦锡因发现氧气而广受赞誉，但他并不是第一个将氧气分离出来的人。相当多的科学家在之前就已经能够分离氧气了——比拉瓦锡早得多。拉瓦锡真正而重要的"第一次"是——识别出氧气，并根据植根于事实的理论来定义氧气。

　　18 世纪欧洲知识界的学术体系越来越鼓励个人在新发现上的职责和荣誉。炼金术的发现在 18 世纪得到了前所未有的清晰披露，用隐喻的方式加密炼金术文本是保护炼金术知识的一种手段。17 世纪，炼金术士愿意公开展示他们的研究结果，并做出相应的说明。同时，他们也肆无忌惮地相互剽窃知识成果。

　　无论是在法国还是国外，拉瓦锡对科学发现中日益重要的优先权①的敏感程度不亚于他的任何一位同事——也许比大多数人都要敏感。因此，甚至在 1773 年 2 月拉瓦锡在实验室登记簿上预言其研究计划的革命性意义之前，也就是在有实际发现之前，他

----

　　① 优先权（priority）指首次发现或创立某个科学原理、发明或方法等，获得优先权的科学家能够获得最大的社会承认。优先权通常是依据谁最先公布其成果确定的。科学史上有很多著名的优先权之争，如牛顿和莱布尼茨在微积分发明权上的争论。氧气发现的优先权也有很大争议。

就已经采取了措施保护自己发现成果的优先权。

法语中有一个短语"pli cacheté"，可以译成"密封的"。更准确地说，是拉瓦锡在1772年11月1日交给科学院秘书的密封手稿。1772年10月，拉瓦锡通过实验证实：磷燃烧形成磷酸时质量会增加，也证实了煅烧硫黄时也会有类似的质量增加。人们在很早以前就发现过这一现象，但通常会用施塔尔的燃素理论来解释。对拉瓦锡而言，物质通过失去燃素（或其他物质）来获得质量的增加这一说法并不可靠。他开始设想，质量的增加更可能是由于硫黄、磷或其他物质在煅烧或燃烧过程中，吸收而不是失去了某种物质，而这种物质肯定是空气或是空气中的某种成分。

他在密封手稿上标注的是"金属等物质在燃烧后质量增加的原因研究"。内页上潦草地写道（显然是匆忙写的，因为他划掉了一些字，拼写和句法也很奇怪）：

大约在8天前，我发现硫黄的重量在燃烧时没有减少，反而增加了；也就是说，在空气潮湿的情况下，1磅的硫黄可以提取出不止1磅的硫酸。[1] 磷也出现了类似的情况。这种质量增加现象来源于空气，这些空气在燃烧时自行固定，并与蒸汽发生了结合。

通过一些实验，我认为自己得到了一个决定性的发现。这一发现让我进一步思考，硫黄和磷燃烧过程中出现的质量增加现象可能是一种燃烧或煅烧的普遍现象。我坚信，金属粉质量的增加也具有相同原因。这一实验充分地证实了我的

---

[1] （原注）硫在氧气中燃烧形成二氧化硫：$S\ (s)\ +O_2\ (g)\ >\ >\ SO_2\ (g)$。

猜想。我已经用黑尔斯先生的装置在封闭的容器里还原了黄铅丹，发现在矿灰变成金属的一瞬间，产生释放了大量的气体，这些气体的体积至少是黄铅丹原本体积的 1000 倍。*自施塔尔以来，这是我觉得比较有趣的发现之一。因为在谈话中很难不向朋友透露一些能驱使他们了解真相的事情，所以我认为在等待实验公开时，应该将现有成果交由科学院秘书保管。*

拉瓦锡写下这些潦草文字时还不到 30 岁，刚从青年步入成熟的黄金时期。那时，他获得科学院编外资格仅仅 4 年。从上文的最后几行可以清晰地感觉到，拉瓦锡当时急切地想要用一些重要的科学发现来巩固自己在科学院的地位。毫无疑问，他已经察觉到，不止欧洲大陆的科学家，英国的科学家也对空气在燃烧或煅烧中的作用产生了浓厚兴趣。

现代科学已经确定：空气约由 80% 的氮气与 20% 的氧气组成，其他气体（如氩气、甲烷、二氧化碳、氖气、氨气等）的比例还不到 1%。拉瓦锡的理论和实验为这一分析打开了大门。在拉瓦锡之前，空气的概念时而简单，时而复杂，但从未如此清晰过。

亚里士多德的元素体系中，空气是四种基本元素之一，是最小单位，无法进行再分解。帕拉塞尔苏斯则摒弃了这一说法，提出了硫、汞、盐三位一体理论。海尔蒙特将帕拉塞尔苏斯的理论简化为所谓的单元素论，认为水是所有物质变化的基本要素和基础。与海尔蒙特不同，贝歇尔则从不同角度拓展了帕拉塞尔苏斯的理论，他认为三位一体理论中的基本元素应该是空气、土和火，还指出空气不是一种元素，而是形成化合物的媒介或工具。17 世纪的炼金术士对这些概念进行了详尽的阐释，直到 18 世纪早期，人们普遍接受的观念是空气是工具而非元素。在这一工具理论中，水、空气和火都被理解为物理变化的媒介，而不是化合物的成分。在拉瓦锡之前，施塔尔理论是当时的主流理论。施塔尔认为大气在化学上是惰性的，不能形成化学混合物。赫尔曼·布尔哈弗①虽然在理念上与施塔尔有许多分歧，但最初也赞同施塔尔关于空气的概念。但不久后，他就改变了自己的想法。更准确地说，英国人黑尔斯的理论促成了他的改变。

黑尔斯既是一名植物学家，也是一名化学家。他的《植物静力学》(Vegetable Staticks)一书对改变 18 世纪化学家对空气的态度具有巨大影响。如书名所示，这本书主要关注牛顿学说在植物生命中的应用，同时也包含"空气的分析"一章。黑尔斯观察到植物在吸收大量空气后会用某种方式处理这些空气，这一发现使他开始对空气本身进行单独研究。然而通过研究，黑尔斯却得出了与当时主流观点相悖的结论。施塔尔声称，大气从来不会进入任何化合物。然而黑尔斯在测量蒸馏或发酵过程中释放的空气后，得出结论：所有有机物和部分无机物中都含有"固定空气"。

在《化学原理》(Elementa chemiae，出版于 1732 年，取代了 8 年前出现的关于他演讲的盗版合集)的官方版本中，布尔哈弗放弃了施塔尔的空气观点，转而支持黑尔斯的观点。这意味着他又从四工具论回到了旧的四元素论。拉瓦锡的老师鲁埃勒曾尝试综合布尔哈弗、黑尔斯以及施塔尔三人的理论。鲁埃勒传播了施塔

---

① 赫尔曼·布尔哈弗（Herman Boerhaave, 1668—1738），荷兰植物学家、人文主义者和医生。他被视为临床教学以及现代学术医院的奠基人。

尔的许多概念，也为施塔尔的观点在法国传播作出了贡献。但鲁埃勒在教学中采用了与施塔尔不同的观点。他认为土、水、火、空气这四种物质不仅是施塔尔所理解的工具，同样也具有化学活性。鲁埃勒认为空气是物质中的固定成分。为了证明这一观点，他测量了各种物质在蒸馏、发酵及燃烧过程中释放的空气（这些实验黑尔斯也做过，鲁埃勒使用的仪器也是黑尔斯设计的）。鲁埃勒这一理论的潜在推论是：火也可能是物质的固定成分。施塔尔也将燃素看成是物质的固定成分，但他没有将燃素（他视其为一种试剂）完全等同于火（他视其为一种工具），相比之下，鲁埃勒则认为，燃素就是火。

鲁埃勒的化学课程对拉瓦锡具有启发意义，后来他研究了鲁埃勒原稿中的一些问题，并且也经常在自己的笔记中对其进行评论。在阅读《化学原理》时，拉瓦锡注意到布尔哈弗"在关于空气的化合和固定空气的说法时，立场一直不够坚定。有时，他似乎否认空气可以进入物质中，促进固体形成；有时，他又支持完全相反的观点"。拉瓦锡强调，布尔哈弗摇摆的观点必定源于某些不确定因素。如同在拉瓦锡职业生涯的许多领域一样，别人的疑惑为拉瓦锡提供了进一步研究的切入点。

早在 1766 年，当时拉瓦锡还没有获得科学院的编外资格，他就认为"空气不是一种单独的元素，而是一种化合物"，并断言"是水变成了水蒸气，更准确地说，火与水结合产生了空气"。从他几年前学的课程来看，拉瓦锡知道鲁埃勒"火就等同于燃素"的说法，但出于某种原因，他没有使用燃素这个词。

当一个公式中含有不存在的物质（如火）时，这个公式的准确性就会大打折扣。早些年，拉瓦锡常常将水蒸气与大气化合物混为一谈。在推测元素性质时，拉瓦锡读了埃勒（J. T. Eller）发表在柏林科学院论文集上的文章。埃勒或多或少受到帕拉塞尔苏斯和海尔蒙特的影响，对四元素论嗤之以鼻，支持水与火的基本要素说。埃勒与海尔蒙特一样，认为水可以转化为土，后来，拉瓦锡曾为反驳这一观点煞费苦心。但同时，拉瓦锡也认为，埃勒的观点——空气可能是水和火的结合物，具有参考价值。

拉瓦锡的想法与杜尔哥一致。杜尔哥是一名重农主义者，也是拉瓦锡在法国政府里的同事。他创造了"蒸发"（vaporize）这一术语，还在自己匿名发表在狄德罗的《百科全书》上的一篇文章中推断：蒸汽是物质与热（或火质或燃素）结合产生的。这个推理是一种解释像水这样的物质从固体到液体再到气体的状态变化的方法。杜尔哥甚至假设，至少在理论上，所有的物质都存在这三种状态。

还是在 1766 年，拉瓦锡写了一段笔记，大意是：空气可能是一种膨胀流体——一种与火结合后，经历了状态变化的流体（也被称作"火流体"，一种马拉几年后想要为科学院观察员展示的不存在的物质）。当空气处于膨胀状态时，具有弹性。拉瓦锡从黑尔斯的作品中得知，空气也可以固定在不同的物质中。鲁埃勒的化学课以及拉瓦锡在 1766 年左右读到的埃勒的文章也都提及了这点。黑尔斯的《植物静力学》已被布丰在 1735 年翻译成了法语。

固定空气失去了弹性，被压缩进比其膨胀状态小得多的空间中。黑尔斯设计了一系列实验，旨在收集在发酵、蒸馏甚至是小动物呼吸的过程中所释放的空气。这些实验中收集测量到的固定气体通常是二氧化碳，尽管在当时化学界还未能将二氧化碳识别出来，而黑尔斯所收集的气体其实是啤酒中的气泡。

拉瓦锡深入思考了黑尔斯实验中释放的固定空气，回想起某种泡腾反应能产生冷却作用。这种现象似乎与热（或燃素、火质）被泡腾产生的蒸汽吸收的理论相一致。众所周知，融化中的水或冰的温度并不会随着热度的增加而增加。拉瓦锡据此推断，就像空气可以固定在物质中一样，热（燃素或火质）也可以通过进入由冰化成的水而被固定在融化过程中。

不久后，惊人的钻石焚烧实验出现了。直到1772年春天，拉瓦锡进行钻石焚烧实验时，已经完全遵循了质量守恒定律——没有任何物质被创造，也没有任何物质被摧毁。那么，钻石到哪里去了？只有在有空气参与的实验中钻石才会消失，这一事实非常有趣，显然也引发了拉瓦锡更长时间的思考，尽管在当时他还不能解释这一现象。实验结果不足以确定钻石是"挥发"、蒸发，还是爆裂成了实验中无法识别的微粒。拉瓦锡设计了一些更巧妙的实验来解决这个问题，但这些实验从未真正进行过，也许是因为实验可用钻石的供应已经停止了。

1772年8月19日，拉瓦锡在科学院做了一场题为《火元素的研究报告》（*Memoir on Elementary Fire*）的演讲，这一演讲的手写稿于8月8日起草，有着更加详尽的标题——《关于使用凸透镜进行实验的思考》（*Reflections on Experiments Which One Might Try With the Aid of the Burning Glass*）。其中，拉瓦锡列出了一系列用钦豪申（Tschirnhausen）透镜装置做的实验。这一装置也曾用于公主花园里的钻石焚烧实验。

撰写该文时，拉瓦锡首先概述了现有的理论基础，一开始便指出，"施塔尔的燃素和金属还原理论"在传进法国以前，就已经在德国盛行了很长一段时间。他将 1723 年出版的《施塔尔及牛顿原理下的化学课程》(*Course of chemistry Following the principles of Stahl and of Newton*)视作法国研究燃素理论的开端。接着指出，法国人日夫鲁瓦①在 1709 年所做的实验也支持了施塔尔理论的重要观点，并且日夫鲁瓦在实验中也使用了凸透镜。

日夫鲁瓦得出的结论是"所有的金属或金属矿石首先是由玻璃土构成，其次由油或在植物、动物和碳中都能发现的可燃物质构成。同时，他发现这种物质可以从金属中分离，人们可以从金属中提取出这种物质，也可以将这种物质放回金属中，也就是说，这种物质可以在两种金属中来回移动"。

即使日夫鲁瓦的描述看起来模糊不清，拉瓦锡仍旧能将其阐释清楚。拉瓦锡继续讲道："显然，除了将施塔尔所称的燃素称为油质或易燃物质外，日夫鲁瓦的说法与施塔尔的理论并没有太大区别；好吧，必须承认，即使到了今天，我们仍然还不完全了解我们所说的'燃素'的性质，以致无法就其性质进行任何精确的解释。"

问题就出在这儿，如拉瓦锡所说的——通过分析施塔尔与日夫鲁瓦两人明显的术语差异，并不能查明问题所在。在拉瓦锡看来，提出实验计划的最终目标就是解决燃素问题。

拉瓦锡接着解释道，使用钦豪申透镜装置的优点在于：凸透镜能够将热量聚焦到密封在真空中的物体上，而"化学家们以前习惯使用的火不能在真空中继续燃烧。空气是火焰存在的必要条

---

① 艾蒂安-弗朗索瓦·日夫鲁瓦(Étienne-François Geoffroy，1672—1731)，法国医生、化学家。

件。从这一点来看，凸透镜具有巨大优势。凸透镜的热量可以穿过空气实验的容器，因此人们可以在真空中进行煅烧或燃烧实验"。

接下来，拉瓦锡列举了一系列用钦豪申透镜装置进行的实验，实验对象包括了金属、石头、水晶、钻石，还包括一些液体，其中一些液体——如拉瓦锡指出的，在以前的实验中很少有人使用。尽管拉瓦锡在文章开头提到了燃素，后文中却再也没有提起过。但（事后看来）他最后的结论可以说是一个含蓄谨慎且有竞争力的理论概述。

拉瓦锡《火元素的研究报告》的结尾部分完全没有提到火是一种元素。这一章的标题是"固定空气的研究，更准确地说，物质内部空气的研究"。拉瓦锡写道："通常情况下，大多数矿物，甚至金属中似乎都含有大量空气。然而，至今却没有任何化学家将空气置于金属或矿物的定义中。"拉瓦锡在字里行间透露了自己可能成为第一个那样做的化学家。尽管没有直说，但在文章结尾处，他倾向于讨论作为金属或矿物成分的空气，而不是火元素（或者燃素、油质或其他名称）。拉瓦锡并没有急于得出结论，而是带着几分谨慎地指出，仍有大量工作要做。

早在1762年，英国化学家约瑟夫·布莱克就提出了一种潜热理论，解释了为什么融化中的冰在吸收热量时温度保持不变。如施塔尔的理论一样，布莱克的这一理论当时在法国并没有太多人知道（如果拉瓦锡知道布莱克关于固定空气的研究，那么他就不会在1772年8月写下"没有任何化学家将空气置于金属或矿物的定义中"这句话了）。拉瓦锡做完火元素演讲的几天后，布莱克的潜热理论突然传进了法国科学院。作为回应，法国科学院从档案里翻出诺莱于 1750 年撰写的相关主题的论文，试图证明法国在这一研究上的优先权。这种科学界的民族沙文主义举动极为常见。事实上，拉瓦锡也曾在自己的演讲中做过同样的事，试图用言语抹杀德国的施塔尔和法国的日夫鲁瓦在燃素理论中的优先权。

诺莱的旧论文加上布莱克潜热理论的新闻似乎刺激了拉瓦锡对优先权的敏感神经。阅读完诺莱的论文后，拉瓦锡立刻冲出沙龙，很快就带着一份自己的手稿回来，交给了科学院秘书。这份手稿阐述的就是新元素理论的雏形。

8 月 19 日演讲的结尾，拉瓦锡暗示空气可能是金属及矿物的成分，他抑制住自己激动的情绪说道："我们不会对这些观点做进一步的研究。它们是一个已经有很大进展的研究的主题，有一部分我已经写了些草稿。"接着，他仿佛难以自制，继续补充道："如果我们深入研究这些观点，最后就会推导出一个我们早已得出的有趣理论——"说到这里他又突然停了下来，继续描述金属在凸透镜反射下产生的泡腾现象。

阅读完诺莱的论文后，拉瓦锡匆忙赶到科学院让秘书签收的手稿，可能就是他在 8 月 19 日演讲中提到的草稿。这一作品显然不具备完整性，甚至有些含糊不清。拉瓦锡在写下这份手稿时，显然既带着对知识的兴奋，又处于一种巨大的压力中，并且文章的主旨也含糊不明——某些段落中，拉瓦锡似乎想要将这份手稿作为一篇完整的作品公之于众，然而在另一些段落中，他却明显受到一些棘手问题的困扰，难以继续完成理论的构建。最终，这份手稿并没有发表出来。

拉瓦锡显然非常清楚这些棘手问题的存在，在手稿的最后，他试着巧妙处理这些问题："如果我所提供的细节太多，我恳请公众宽恕我，但文章的目的是很明确的这也是为了让大家听到我的想法。每一种新观点如果要被人接受，都要做好准备。我有义务按照自己的方式来引导读者……这是我关于元素的见解。"拉瓦锡在这一点上通过他的思考所追寻的道路绝不是他所希望的那样简单；17 年后，当他发表自己有关元素研究的最终版本时，所有逻辑层面的偏差都被消除了。从破碎的句子结构以及频繁的删除线，我们可以想象，拉瓦锡从实验室匆忙回到科学院，科学院还在继续讨论诺莱的理论，他潦草写下这些结论时的场景。科学院秘书的签名就紧接在这段话之后。

尽管这一初稿还撑不起"元素体系"这一描述，但它确实代表了拉瓦锡首次将自己所有关于元素的知识和设想整理成一个完整理论所作出的努力。拉瓦锡在匆忙之中，没有花时间阐释他推理所用的原理（或许他已经开始怀疑它们了），但文章显示，拉瓦锡仍在竭力处理亚里士多德的四元素理论与施塔尔的燃素理论结合过程中出现的问题，这一问题来源于他的老师鲁埃勒的研究。拉瓦锡试着规划一次有关火、空气、水及土如何进入物质的讨论——但因为缺少对蒸发、泡腾、潜热以及物质在不改变化学组成的情况下能够存在两到三种形态等现象的充分阐释，所以进展并不顺利。

燃素理论仍是当时主流化学的基石，这一点也常常在拉瓦锡的文章中有所体现。拉瓦锡认为"火质在自然界中以两种状态存在，一种是与其他物质结合，我们将其等同于空气而另一种则是作为一种滞留液体，能从物体上的小孔渗透入物体，处于一种平衡状态，当燃素的密度改变时，温度会随着变化"——这是对臭名昭著却又并不存在的"火流体"的描述。然而，拉瓦锡又回到了燃素概念的运用上（在描述泡腾及其他产生大量气体的剧烈化学反应时最为常见）："我们对于空气的讨论，也适用于燃素。"这样的言论似乎是开始将对观察到的现象所做的相关解释里的燃素换成空气。通常情况下，拉瓦锡还是坚持"火是所有物质的组成成分"。

1772 年的这份"元素体系"手稿最后短论部分有一个新标题——"对于空气的思考"——还有一个日期：1772 年 8 月。这部分读起来就像拉瓦锡在冲向科学院交稿时，迅速地把文章回顾了一遍，然后突然意识到自己的作品并不是一个结论，而是一个问题：

> 空气是否真的存在于物体中？这种具有极强延展性的流体又是怎样进入比自己在大气中的体积小 600 倍的固体中的？怎样解释一种物体具有两种完全不同的状态？这个问题的答案指向一种奇异的理论，我试着去理解，那就是：我们呼吸的空气根本不是一种简单的存在，而是一种特殊的流体，与火有关——

但是拉瓦锡此时已经完全没有时间了，他还没有完全陈述完自己的思想就停下来，开始向读者祈祷，希望读者能原谅他思想上的错误，等等。然而，他（以极快的速度走在一条蜿蜒的道路上）得出了一个激进的推论。突然间，空气不再是一种元素，它变成了一种化合物。

在 1772 年 8 月"元素体系"手稿的开篇，拉瓦锡承认"目前我们并没有新的实验能够证明这一点，但我们已经努力收集所有的信息并试图从中得出结论"。在同一时期（1772 年夏季或秋季），拉瓦锡为化学家吉东·德·莫尔沃（Guyton de Morveau）（他后来成为拉瓦锡可靠的伙伴，与拉瓦锡一起致力于推动新化学及新术语的传播）的著作《科学院外话》（*Digressions académiques*）写了一些未注明日期却一针见血的评论。吉东在此前已经进行了一系列相当严格的实验，明确证实不同金属在煅烧时重量确实会增加。同时，他也做了另一组实验，这些实验表明煅烧不能在真空中进行（这是拉瓦锡非常感兴趣的另一点）。然而，吉东在解释重量增加现象时，采用的是燃素理论的一种变体形式。这一理论的一个支持者是吉东刚去世不久的老同事让-皮埃尔·沙尔德农（Jean-Pierre Chardenon）。吉东于 1772 年发表的论文《将燃素作为重大议题并研究与其结合的物质重量变化的论文》（*Dissertation on phlogiston considered as a weighty body and with regard to the changes in weight it produces on the bodies to which it unites*）是《科学院外话》的第一章。吉东在文中根据施塔尔的燃素理论解释了生石灰质量增加现象，并指出，煅烧过程中，物质会失去燃素，并断言燃素比空气更轻。

令拉瓦锡震惊的是，吉东已经通过一系列严格的实验及周密的测量，充分证实了金属矿灰重量的增加。吉东的作品激发了拉瓦锡的灵感，他写了一段出色的总结：

> 所有金属在燃烧或煅烧时都会出现明显的质量增加现象。
>
> 古代化学家曾指出，在煅烧过程中，有一种将火与这些物质结合在一起的物质，正是由于添加了这种物质，这些物质的

质量才会增加。施塔尔认为，煅烧过程中，物质失去了燃素。

然而施塔尔和他的支持者却陷入了迷宫般的困境，他们无法解释，为什么物质失去了燃素，质量却还会增加。

无论怎样解释，事实都不会改变。在煅烧时，所有金属的质量都会增加。在《科学院外话》第72—88页，吉东已经充分证明了这一点。

在这里，就像他匆忙地试图在其"元素体系"手稿上得出某种结论一样，拉瓦锡设法把注意力集中在一个关键问题上。而从长远来看，这两个问题最终只会有一个答案。

钦豪申透镜装置是18世纪的一项振奋人心的发明。历史学家亚瑟·多诺万（Arthur Donovan）把这项伟大发明比作是20世纪研究人员手中的粒子加速器："这是一台能够打散那些先前被认为不可变的物质的装置。"该装置的镜头是一种强有力的"武器"，可以"攻击"那些当时被认为是最小的元素，以确定它们是否还可以再还原成更小的元素。1772年8月，拉瓦锡就提出使用大型凸透镜进行协作实验，然而，由于他当时仍只是团队的初级成员，同年10月，老一辈科学家做完实验后，拉瓦锡有趣的实验想法才渐渐受到重视。10月中旬，拉瓦锡才终于有机会使用大型凸透镜来进行自己的实验。

尽管玻义耳早在17世纪80年代就已经发表了从蒸发的尿液中制备磷的确切步骤，但拉瓦锡还是更愿意以45里弗尔（约合20世纪的1800美元）一盎司的高价，从另一位法国科学家皮埃尔·弗朗索瓦·米图阿尔（Pierre François Mitouard）那里购买磷。1772

年的 10 月 20 日，拉瓦锡使用凸透镜点燃了 8 格令在钟罩下的磷，经过燃烧、冷凝后的磷酸要比燃烧前的磷重得多。拉瓦锡认为，磷增加的重量是燃烧后的磷中空气的重量。不久后，他又在钟罩下煅烧硫，再次发现煅烧产生的硫酸的重量大于加热前硫的重量。

在拉瓦锡建议使用大型凸透镜进行实验的报告最后——题为"固定空气"的一节，拉瓦锡提出了以下建议："将大型凸透镜应用在黑尔斯装置中能够得到非常好的效果，这将有利于测量每个操作中产生或吸收的空气量。但有人担心凸透镜难以解决这种实验中遇到的问题。"这些人提出的质疑至少在一定程度上会得到证明，尽管拉瓦锡确实获得了足够充分的证据来支撑他的新兴理论。

为了方便对固定空气进行研究，黑尔斯发明了一种叫集气槽的装置，该装置将化学反应中释放出的气体从反应容器引入到充满水的倒置圆顶中，从而收集和储存空气。这一方案里的一个变化就是将实验对象（有时是小动物，有时是燃烧的物质）放置于基座上，再用钟罩盖住，使钟罩开口端浸入水中。通过校准水位变化，基座上的任何反应所引起的空气变化量，实验者都可以测量得到。

拉瓦锡的妻子精确地画下了拉瓦锡对黑尔斯基座设备进行改造的细节，并将其作为拉瓦锡《物理与化学手册》（*Opuscules physiques et chymiques*）一书的插图。这本书记录了拉瓦锡实验的结果。在拉瓦锡所改造的基座设备中，他将陶瓷坩埚放在水晶基座上，再用钟形玻璃罩盖住它，然后用虹吸管控制水位，并在钟形玻璃罩下的水表面上覆盖一层油以防释放出的气体被溶解。1772

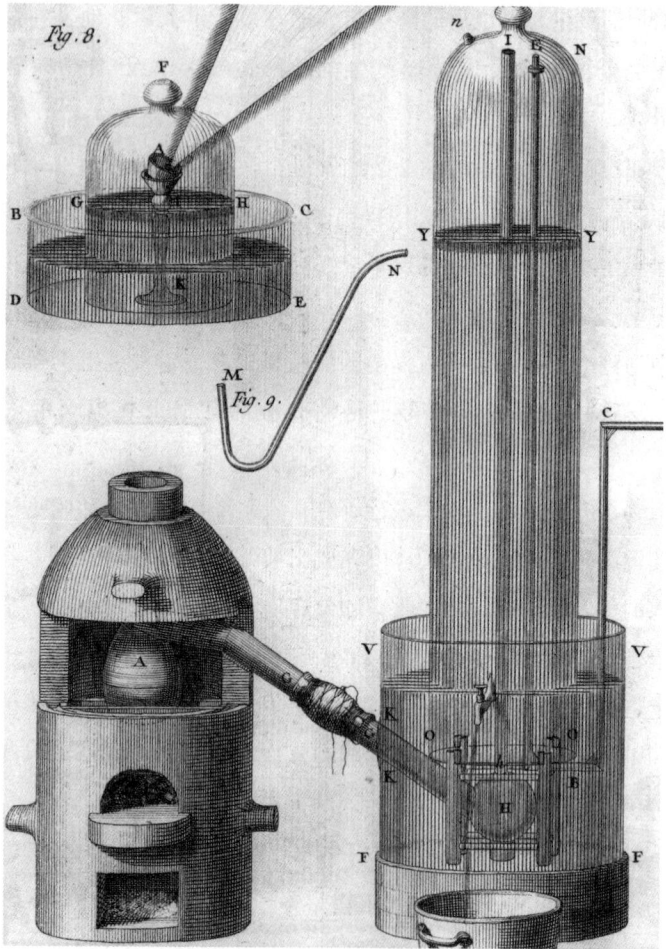

拉瓦锡夫人画的拉瓦锡在红铅实验中所使用的装置

年 10 月，拉瓦锡将少量木炭和一种叫做"minium"①的铅丹一起放入陶瓷坩埚中，然后用凸透镜透过钟形玻璃罩将其加热，光束聚焦在坩埚内的铅丹上。这种方法通常用于从氧化矿石中冶炼金属，矿石会释放大量气体或者说弹性流体。尽管拉瓦锡没有对气体进行精确测量，但他的记录中提到，实验中所释放气体的"体积至少是所用铅丹的 1000 倍"。

拉瓦锡当时还不知道，该实验的实际情况是：铅丹还原过程中释放的氧气与木炭中的碳结合，生成了大量的二氧化碳（固定空气）。就他当时的目的而言，红铅实验证实了一个已知事实：铅丹还原时会释放气体。同时，这一实验也为他的综合分析——空气、磷、硫的结合过程和从矿灰中分离出空气——提供了佐证。拉瓦锡的观点——空气在燃烧过程中被固定了（并在矿灰还原过程中被释放）现在得到了双方的支持。

拉瓦锡非常满意（至少愿意声称）这些结果"完全证实了我的猜想"。关于磷、硫及铅丹的实验成为他于 1772 年 11 月 1 日在科学院上交的密封手稿的基础。实际上，尽管拉瓦锡深信自己的发现是"继施塔尔燃素理论以来最有趣的发现之一"，但他仍旧无法将自己的发现准确地描述出来——他的发现也不完全符合他的理论。直到 1773 年 2 月，他才满怀信心地在那本著名的实验室记录上宣称，他将带来"化学和物理界的一场革命"。

接下来的几个月对拉瓦锡而言是忙碌的。就像任何在获得专

①　（原注）即红铅（Pb_3O_4）：在讨论该实验时，拉瓦锡有时说黄铅丹（PbO）质量变少，有时说红铅质量变少；这里似乎更有可能是后者。

利、治疗方法或重大荣誉的道路上奔波的现代科学家一样，拉瓦锡也感受到了竞争的压力。在密封手稿中，拉瓦锡对自己可能不小心将想法泄露给其他法国同行表现出了焦虑。实际上，一大批法国科学家——吉东·德·莫尔沃、皮埃尔-约瑟夫·麦夸里（Pierre-Joseph Macquarie）等人都在这一前景广阔的领域里忙碌地研究。当然，由于气体定义尚未明确，拉瓦锡的竞争对手都不知道氧气是他们试图发现的东西。但他们所有人都知道，必须从气体化学中借用一些重要知识——空气的化学成分。

　　事后证明，拉瓦锡最强的竞争对手不在法国，他在 1772 年已经清晰认识到了这一点；他不仅已经清楚意识到英国气体化学家黑尔斯、布莱克的化学成就，也逐渐意识到了一名叫做约瑟夫·普里斯特利的化学家的崛起。普里斯特利是一名牧师及神学家，但他反对英格兰教会的教义；因为反对圣三一教义而广受谴责，普里斯特利不仅被赶出官方教会，还被牛津大学和剑桥大学拒之门外。普里斯特利将自己视为一名同时涉猎宗教与科学的自然哲学家。当他准备在一所异议学园①里教授科学知识时，他对科学产生了浓厚兴趣。普里斯特利几乎在任何方面都是一个特立独行的人，他并不像拉瓦锡那样擅长系统性思考，而是热衷于收集稀奇古怪的事实。他的一些发现非常新颖，常常引起同代人的关注，甚至在法国人知道普里斯特利之前，位高权重的富兰克林就注意到了他。

----

　　① 异议学园（dissenting academy）是 17—19 世纪在英国兴起的教育机构，由非国教徒开办。王政复辟后，安立甘宗被确定为英国国教，信奉国教成为学生入学、教师入职的前提条件，这让非国教徒接受教育的权利被剥夺，于是非国教徒便秘密开办异议学园自救。异议学园对英国的高等教育发展有很重要的影响。

普里斯特利游历期间，曾在利兹市一座啤酒厂的隔壁住了一年。其间，他发现：在啤酒的制造过程中，会产生大量的固定空气（最后这一气体被定义为二氧化碳）。他当时并没有想到自己已经发现了二氧化碳——布莱克1757年指出，呼吸产生了不可吸收的固定空气——但还是投入了一些精力来研究这一气体的特性。普里斯特利的研究证明，这种固定空气并不支持燃烧或呼吸，但在这种空气中生长的植物可以恢复它的可呼吸性以及助燃性。他在1772年6月发表的题为《水与固定空气结合之解析》(*Directions for Impregnating Water with Fixed Air*)一文中，还提出了一种制造碳酸水的方法。

当时，英国医生约翰·普林格尔(John Pringle)和戴维·麦克布赖德预见到二氧化碳的医用价值，甚至还认为固定空气能预防海员常患的坏血病（后来这一观点被证明是错误的）。普里斯特利受到两人鼓动，开始研究如何制造碳酸水。18世纪，治疗坏血病对商业贸易和海军部队而言具有重大意义，对治疗方法毫无根据的期待突然间给任何有关固定空气的研究赋予了军事工业机密的光环。

因此，向法国化学家报告英国化学研究进展的葡萄牙修道士让-亚森特·马格兰(Jean-Hyacinthe Magellan)有时被称为间谍。这种说法似乎有些夸张，普里斯特利、布莱克等人的研究成果在英国并没有保密，在伦敦皇家学会（与法国科学院类似的机构）的公开文献和讲座中皆有公布。尽管如此，马格兰还是积极、及时地向法国报告了英国的研究进展。他在法国的联系人是一名叫做特吕代纳·德·蒙蒂尼的贵族。

特吕代纳不仅是一名业余化学爱好者，还是法国科学院的名誉成员。他既是拉瓦锡的仰慕者，也是一个引路人。他知道拉瓦锡比自己更加接近化学研究的前沿，也常常为拉瓦锡提供建议，有的建议对拉瓦锡很有帮助。1772 年 3 月，普里斯特利在英国皇家学会做了有关固定空气的演讲，不久后便发表了《水与固定空气结合之解析》。1772 年 7 月，特吕代纳就从马格兰那里得到了这本小册子，还有马格兰关于普里斯特利研究的报告。一周之内，他就把小册子寄给了拉瓦锡，还附了一封信，在信中敦促拉瓦锡将这本小册子翻译成法语，并重复和证实普里斯特利的实验。特吕代纳写道："我知道你在物理和化学中追求精确性，我也相信自己在帮你的忙，让你去做一些有用的事情。"7 月 18 日，拉瓦锡正式向法国科学院提交了马格兰对普里斯特利研究的报告；8 月，普里斯特利这本手册的法语译本问世。

这些事件发生在他将有关煅烧中质量增加现象的密封手稿上交科学院之前的几个月。那段时间里，拉瓦锡肯定还在研究英国气体化学家正在或早已研究过的知识。拉瓦锡并不知道是否有英国化学家正在研究自己试图完善的理论。但这样的国际竞争让他有了紧迫感。

拉瓦锡写道："事实越不同寻常，与已被接受和公认的观点越不一致，就越有必要通过反复实验，以一种不容置疑的方式来证实它们。"这句带有明确警句意味的话与拉瓦锡 1772 年写下的潦草字段大相径庭。但 11 月 1 日的密封手稿迫使他要兑现承诺——通过实验将怀疑转化为确定性来证实他的猜想。

或许，他的密封手稿已经超越了他能够证明的范围。不管怎样，对固定空气的研究（特吕代纳所敦促的研究）可能会解决这一问题。当拉瓦锡收集整理从自己及他人有关固定空气的实验的所有信息时，发现这种空气很难定义：这种空气有时可以熄灭火焰、杀死动物；有时却能使火焰更加明亮，还比普通空气更有助于呼吸活动。这一矛盾是因为当时人们所说的固定空气既包含了二氧化碳又包含有氧气，但拉瓦锡离发现这两者的差异还有很长一段路要走。

4个月后，尽管自己的猜想很少得到实验证实，但他仍旧乐观地打开了那本著名的实验室记录，宣称自己将在物理和化学领域掀起一场革命。之后，他做出以下计划：

这种观察实验对象的方法让我意识到，最必要的是重复这些实验，然后多次重复这些吸收空气的实验，通过这样的方式，找到这种物质的来源，我就可以跟踪它在不同化合物中的效果。

可以固定住空气的操作包括：植物、动物的呼吸，特定环境下的燃烧，以及某些化合物。这些是我相信必须要开始进行的实验。

当他做完实验后，就会对固定空气的性质，以及固定空气与我们呼吸的空气之间的关系有更清晰的认识。

虽然这一计划条理清晰，但在一开始，拉瓦锡就遇到了技术上的困难。1772年8月，拉瓦锡在向科学院演示实验时就担心黑尔斯的装置可能很难与钦豪申透镜装置相结合。当他第一次尝试将两者结合起来做实验时，玻璃钟罩在凸透镜的高温照射下破裂了，拉瓦锡没法测量实验过程中产生的气体。

1773 年 2 月 22 日，拉瓦锡试着进行煅烧铅的实验（这一操作能固定住空气）。他在常规熔炉里加热曲颈瓶，因为曲颈瓶破裂，这一实验最终失败。拉瓦锡设计了几种新设备的草图，其中包括"能够测试空气对动物作用的仪器"，但工匠并没有能够将其按时生产出来。时间至关重要：拉瓦锡急切地想要得到明确的实验结果，因为科学院在 4 月的第三周有一场公开会议，他想要在会上做出相关报告。

拉瓦锡对自己预订的新仪器不再抱有希望，便用普通的玻璃罐、洗手盆和用于装饰水果的水晶基座临时制作了黑尔斯装置。3 月 29 日，拉瓦锡将凸透镜应用于该装置，使得铅的煅烧得以进行。但煅烧过程很快就停止了，这让拉瓦锡极为困惑。他为实验结果设想了各种解释，但并不确定哪个是正确的。这几周做的其他实验，包括煅烧锡和用硫黄引爆硝的实验，得到的依然是令人沮丧且模棱两可的实验结果。

到 4 月，拉瓦锡对其承诺的想法进行实验性确认的进展远没有他希望的那么大——而前一年秋天的密封手稿也暗示了这一点。尽管如此，他还是坚持想要在 4 月 21 日的学术会议上提出这一理论。

拉瓦锡声称："当前的情况不允许我提供实验的详细信息。"鉴于这些实验都没有得到拉瓦锡预期的结果，这样的说法有些避重就轻。拉瓦锡的解释与实际情况更大的反差体现在他的早期草稿中，但在向科学院做报告前，他就已经将这些句子全部删掉了。尽管拉瓦锡没有明说，但他详尽描述的实验在现阶段确实只是"理想实验"，不能通过实际操作演示出来：

如果(一个大胆的假设，在实验条件下)这些实验不是在露天中，而是在倒置于……水槽中的封闭玻璃钟罩下的一部分空气中进行的。如果实验者拦截了大气与之的交汇……当这些金属变成矿灰时，空气减少的体积或金属增加的质量约等于吸收的空气量。如果通过凸透镜或其他方法(我将详细说明)使这些金属还原——也就是使它们从矿灰状态过渡到金属状态——它们很快就会释放之前吸收的空气，与此同时，它们增加的质量又会再减少。

尽管这是一个伪装成结果的假设，但仍具有极大意义，使拉瓦锡能够进一步得出关于金属矿灰和矿灰还原的最终结论："第一，矿灰就是金属本身与固定空气的结合物；第二，金属的还原只包括空气从矿灰中的分离；第三，金属重量增加的现象①归功于大气中的固定空气"。

从这一点出发，拉瓦锡就可以对以燃素为基础的施塔尔化学理论进行第一次公开抨击："这一理论对几乎被所有化学家所接受的施塔尔理论而言是毁灭性的，这种情况让我警惕。然而，我不能排斥证据，以上所有决定性的实验使我确信，几乎所有的金属都可以在不添加燃素的情况下还原。"鉴于当时拉瓦锡实验的真实状态，"决定性"这个词用得相当极端。页面边缘上所做的修改，揭示出他在科学院的实际演讲中可能采用的是更为谨慎的措辞。

不过，他的结论还是很大胆："我甚至开始怀疑施塔尔所说

———————

① (原注)在煅烧过程中所观察到的。

的燃素是否存在，至少他赋予这个词的意义是否存在，在我看来，人们似乎可以在任何情况下换掉火、光和热等物质的名字。"这番话虽然没有体现彻底的革命性，但无疑表现出一种强烈的反叛姿态。

1773 年 5 月 5 日，在拉瓦锡 4 月演讲的两周后，他要求把上一年 11 月上交的那份密封手稿在如期举行的会议上当着科学院同事的面拆开。他当时那样做的原因尚不清楚。科学院秘书指出，"作者要求在目前提到的日期内为其保留"。因此，拉瓦锡这样做主要还是出于个人意愿，当时似乎没有其他理论家在盯着他。他可能认为，一旦把自己的理论阐述得过于清晰，其他化学家就会开始沿着类似的思路进行实验（也许会比他迄今为止所取得的成功还要大）。又或许他只是意识到，一旦他的理论公开，就没有必要再把 11 月的手稿封存起来了。

在 4 月演讲后将先前封存的手稿拆封，拉瓦锡已经尽其所能地提出了自己的主张——他是唯一一个知道自己还需要走多远才能证明自己主张正确的人。起初，众人对拉瓦锡的言论持怀疑态度。因对电的研究闻名国际科学界的本杰明·富兰克林，最初也怀疑拉瓦锡的主张，他在给法国科学院的让-巴蒂斯特·勒鲁瓦的信中写道："我真想听听拉瓦锡先生的学说是如何自成体系的，我认为他的理论可能得不到证明。"拉瓦锡不一定知道这些中伤的话语，但肯定明白富兰克林的观点在科学界举足轻重，也许比其他任何个人的观点都重要，因此在未来的几年里，他和妻子都会尽一切努力来争取富兰克林对他们的事业的支持。

他这是放手一搏，就像人在相信自己是正确的时所倾向去做的那样——尽管他确有证据。孤注一掷的人经常会失败，但拉瓦锡的直觉是正确的。拉瓦锡在1773年夏天和秋天所收集的实验证据确实证明了这一点。尽管为时过早，但4月的这次成果公布留给他一些喘息的空间。最后，制造商运来了拉瓦锡设计的各种新设备。拉瓦锡对黑尔斯装置进行了改造，改造后的版本将原本的装置与炉子和蒸馏器相连接，其中炉子和蒸馏器都已做了防裂或防漏处理，这一更加可靠的实验设备于1773年夏季投入使用。拉瓦锡还改进了一种叫作"比重计"的仪器，使之能更精确地测量液体的密度。他还致力于提高天平的精度——不惜成本。最终，他的实验室拥有了精确到40万分之一的天平。

　　在4月21日提出的理论的基础上，拉瓦锡还做了有关金属煅烧和还原的"理想实验"（也是"资产负债表"①实验）。"资产负债表"实验基于质量守恒原理，重视对实验材料实验前后的重量和体积的精密测量。1773年整个夏天，拉瓦锡致力于将自己的实验从想象变为实际可行的方案。到夏天结束时，他一丝不苟坚持的"资产负债表"终于开始趋于调和。

　　然而，他在理论上遇到了问题。1773年4月，他确信物质内的固定空气，也就是他常说的"弹性流体"可以代替施塔尔理论中的燃素来解释一系列化学反应，但还不能提供确凿的证据。拉瓦锡把弹性流体想象成空气的一个亚成分（这是符合事实的），但也

---

　　①　资产负债表指的是企业在一定日期的财务状况（即资产、负债和业主权益的状况）的主要会计报表。资产负债表利用会计平衡原则，将合乎会计原则的"资产、负债、股东权益"交易科目分为"资产"和"负债及股东权益"两大区块，两大区域的数额相等。一些学者认为，拉瓦锡对化学反应前后的物质质量的关注，源于他在税收和金融工作里涉及的成本和利润核算，这种核算方法就是资产负债表方法。

一直把它误认为是一种单一的物质（就像他之前的人所定义的那样）。实际上，他的实验有时产生的是二氧化碳，有时产生的是氧气或其他气体，但拉瓦锡在现阶段无法用简洁明了的理论来描述这些气体的不同特性。

为了解决这些难题，拉瓦锡不断完善实验程序，然而这在一定程度上限定了他在理论上的立场。拉瓦锡似乎也接受了科学院前辈的建议，在理论方面变得更加谨慎。燃素与当时的化学基础结合得非常紧密，老科学家们想要摆脱燃素并不容易。

尽管如此，1773 年 7 月，拉瓦锡仍开始基于正在进行且具有进展的研究向科学院提交新的论文，还受到一些人的鼓励，将这些论文编成一本书。到 8 月，他手上已经有了一份研究初稿。7 月初，特吕代纳这位有洞察力的业余化学爱好者向拉瓦锡推荐了一些有关金属煅烧的改良实验，这些实验可能会帮助拉瓦锡进一步理解固定空气的性质。但拉瓦锡当时忙于撰写论文，没有时间立即尝试特吕代纳推荐的实验。不过，他还是设法把 2 月以来所做的所有实验都写进了论文里。

1773 年 8 月 7 日，他提交了《物理与化学手册》的初稿，之后，该书经科学院审阅出版。科学院派了两名科学家对拉瓦锡的书籍进行审读，其中一位审稿人是让-巴蒂斯特·勒鲁瓦，他就是上文中本杰明·富兰克林那封对拉瓦锡充满质疑的信的收件人。9 月 25 日，勒鲁瓦与特吕代纳、麦夸里和路易-克劳德·卡代（Louis-Claude Cadet）会面，共同验证拉瓦锡论文中提到的最重要的实验。这次会面似乎很有学术气息，这群人在拉瓦锡的实验室里待了几天，频繁改变拉瓦锡之前的实验策略。由于特吕代纳在场，他之前提出的一些改进措施得以实施。科学家们收集并测试了红铅还原过程中释放的气体，证实这些气体会使蜡烛熄灭，麻雀死亡，并使石灰水发生沉淀（所有已知的影响都与固定空气有关，而这种固定空气实际上是二氧化碳）。一个非常简单的实验证明，"呼吸过的空气"（即呼吸的副产品二氧化碳）能让石灰水沉淀，而普通的大气空气则不能。

受合作成果鼓舞，拉瓦锡继续进行煅烧实验，到 10 月，他最终得出结论："我们呼出的空气不适合与金属矿灰结合；但是大气中存在一种特殊的弹性流体，这种流体与空气混合在一起，当广口瓶里的这种流体耗尽，则煅烧停止。"

这是一个极具说服力的说法，能够解释几个月前拉瓦锡在铅煅烧实验时遭遇的挫折。尽管拉瓦锡还不能定义氧气，但他还是描述了从大气中提取的氧与金属矿灰结合的过程。

1773 年 12 月，科学院委员发表了对拉瓦锡的《物理与化学手册》的评价，指出他"已经把他所有的实验结果都拿来衡量、计算和平衡——这种方法开始成为化学科学实践不可或缺的方法，这对化学的进步来说是一种幸运"。他们还特意称赞了他的克制："拉瓦锡先生没有过多地表述自己的信念，而是带着开明审慎的物理学家应有的含蓄，仅仅用三言两语便提出了自己的看法。"

事实上，自从 1772 年 4 月以来，拉瓦锡已经谨慎了许多。科学院的认可让他更加坚定自己的信念，即越是与公认观点和已知事物相悖的事实，就越需要用无可否认的证据加以证实。如果说他在 1772 年春天做得有些过火了，那么在如今的这部手册中，他会谨慎地把自己的观点限制在一定能够证明的范围之内。即使是小标题也在暗示拉瓦锡在表达壮志时的谦逊。这些短文不过是拉瓦锡伟大作品问世的先兆。他满怀热情地在国内外推介自己的观点。他把自己的《物理与化学手册》送到了伦敦皇家学会，他知道这一册最终会交到约瑟夫·普里斯特利手上，还送了一册到爱丁堡皇家学会，这是为约瑟夫·布莱克准备的一本。

拉瓦锡在随书所附的信函上表达了对前辈们所做的固定空气相关研究的敬意。整体来看，这些成果明确了一个新的研究方向。《物理与化学手册》的出版与其说是打响了氧气竞赛的发令枪，不如说是为氧气竞赛铺平了道路——目前为止还没有人能看到终点。

《物理与化学手册》由两部分组成，书中第二部分详细介绍了拉瓦锡的实验，并附有拉瓦锡夫人精心绘制的仪器和流程的插图。这些结果充分证实了他的假设，即"空气中所含的某种弹性流体"是固定在物体中的物质，但没有更进一步的进展——他无法在坚实的实验基础上更进一步。《物理与化学手册》的前半部分有近 200 页，记录了在拉瓦锡之前所有有关固定空气的研究。1773 年，拉瓦锡有几个月非常忙碌。那段时间里，他一直在审核并记录这部分内容，同时尽可能多地完成自己的实验计划。

尽管拉瓦锡已经熟知黑尔斯关于空气分析的结论，但普里斯特利和布莱克的研究对他来说却是全新的，他也知道掌握他们的研究很有必要。事实上，在他 1773 年的实验计划中，许多实验都是模仿布莱克先前所做的实验，以证明从碱到石灰土以及它们与酸结合的过程中固定空气的作用。拉瓦锡在《物理与化学手册》的开篇"精确的历史"中详细地论述了普里斯特利的成就。他的总结具备一定的历史深度，还讨论了帕拉塞尔苏斯和海尔蒙特的思想。

帕拉塞尔苏斯曾注意到一种从燃烧和发酵中逸出的弹性液

体，并将其命名为"森林之灵"。海尔蒙特习惯性地沿着帕拉塞尔苏斯的思路，创造出"气体"（gas）这个词来描述它，并了解到有些气体会燃烧，而有些则不会。玻义耳认识到这些气体构成了一类与固体或液体同样重要的物质，并使用早期版本的集气槽来收集它们。在不知道这些气体是什么的情况下，他在硫酸和铁钉的实验中收集了大量氢气。1674 年，玻义耳的学生约翰·梅奥（John Mayow）通过在真空中加热硝酸钾释放出了氧气——比人们能够定义这个气体之时早了整整 100 年。

1774 年，新的气氛正在快速形成，除拉瓦锡外，其他化学家也感觉到了这点。由于实际需求，军医皮埃尔·巴扬（Pierre Bayen）常常会制造不同的氧化汞（汞灰）。他观察到氧化汞在释放气体时重量会减轻，于是便用拉瓦锡《物理与化学手册》中的固定理论来解释这一现象，甚至指出，这种现象挑战了整个燃素的概念。在传统的金属冶炼中，人们认为燃素会从木炭中转移到金属中。巴扬发现，氧化汞可以在没有木炭的情况下还原，这似乎进一步否定了燃素概念。

两位学院派化学家——安托万·博梅（Antoine Baumé）和卡代之间进行了一场温和的争论。前者坚持认为汞灰不可能在没有燃素（从木炭中获得）的情况下还原成汞，而后者则坚持认为这是可以实现的。因此，科学院派遣了一些委员通过实验来裁定这一争论，拉瓦锡则是其中一位委员。愤怒的博梅没有出席。事实证明，卡代是对的。在没有木炭的情况下，汞灰还原时释放的气体是纯氧，但拉瓦锡和在场的其他人都没有注意到纯氧与其他反应所产生的固定空气或弹性流体的区别。

1774 年 8 月，海峡另一边的约瑟夫·普里斯特利注意到，从汞灰还原中收集到的气体与固定空气的性质相反——"蜡烛在这种空气中燃烧得非常旺盛……我完全不知道该如何解释。"制造氧化汞有比煅烧更简单的方法，即将汞溶于硝酸，然后通过有时会引入杂质的技术将其还原。因此，当普里斯特利重复了几次令他困惑的实验，得到的仍是同一结果时，他开始怀疑样品的质量。1774 年 10 月，他在访问巴黎期间从卡代那里买了一盎司汞灰。"货真价实，不容置疑"——马格兰如此评价说。

普里斯特利受到法国化学家的款待，并在拉瓦锡家中用餐。6 年后，他（相当直言不讳地）回忆起，自己曾向在场的其他人提到过他的奇怪发现："我说，那是一种气体，蜡烛在这种气体中

约瑟夫·普里斯特利

燃烧时，要比在普通空气中燃烧旺盛得多，但我还没有给它起名字。包括拉瓦锡先生和太太在内所有在场的人都对此大为震惊。"毫无疑问，拉瓦锡后来追悔莫及。他当时为了解决博梅和卡代的争论，也做了与普里斯特利相同的实验，但却没有进一步研究这一实验所产生的气体。

　　普里斯特利回到英国，开始研究他从卡代那里得来的汞灰。他的动物实验产生了一个不同寻常的结果——普里斯特利发现，老鼠在这种新气体中存活的时间是在相同体积的普通空气中存活时间的2倍。受到鼓舞，普里斯特利亲自用虹吸管吸入了一些这种气体。"后来的一段时间，我竟然发现胸口特别轻松自在。这种纯净的空气将来说不定还会成为一种时髦的奢侈品。到目前为止，只有我和两只老鼠有幸吸到它。"普里斯特利当时吸的是纯氧，但他决定称之为"脱燃素空气"（dephlogisticated air），理由是没有了燃素的空气会比普通空气更优质。理论并不是普里斯特利最擅长的，尽管他已经注意到燃素的减少并不会使新空气比大气更适合燃烧，但没有深思这一点。

　　在普里斯特利和拉瓦锡进行氧气研究的前几年，瑞典人卡尔·威廉·舍勒已经从几种不同的氧化物中分离出了氧。舍勒的实验在斯德哥尔摩的药房中进行，实验条件比拉瓦锡军火库的实验室条件要差，也没有像拉瓦锡实验室一样昂贵的仪器设备。尽管如此，他的研究结果还是很有趣。舍勒通过加热氧化锰、碳酸银和硝酸钾等材料获得了这种新气体，但他的临时设备限制了他所取得的成果。尽管如此，他还是比拉瓦锡和普里斯特利早几年从汞灰的还原过程中分离出氧气（在一个"空的空气袋"中）。舍勒将这种新气体称为"火空气"，尽管他准确地指出了这种空气的特性，但他仍然用燃素来解释这些空气。

拉瓦锡通过与法国化学家麦夸里和曾在舍勒药房买过化学用品的瑞典教授托尔贝恩·奥洛夫·贝里曼（Torbern Olof Bergman）通信，对舍勒的工作有了一定了解（尽管二人距离遥远，语言也不同）。1774 年 4 月，拉瓦锡将两本《物理与化学手册》寄给斯德哥尔摩科学院，并附了一张便条，让他们将其中一本寄给舍勒，并向他致意。1774 年 9 月 30 日，作为回复，舍勒向拉瓦锡提供了自己的研究计划，可以说，这是现成的研究成果，不过是简短的手写信件形式，而不是装订好的带插图的论文。也许对舍勒而言用法语写作很累——语言障碍是科学发现走出瑞典传入欧洲其他地区的一个普遍障碍，但舍勒还是把自己的意图表达得很清楚。

先生：

我收到了瓦根廷（Wargentin）大臣寄来的一本书，他说是您好意寄来的。虽然我没有结识您的荣幸，但仍冒昧地向您表达我最诚挚的谢意。我极其热切地希望向您表达我的感激之情。长久以来，我一直想要阅读有关英德两国空气实验的合集。您不仅满足了我的这个愿望，而且您的新实验还为学者们未来研究火和金属的煅烧提供了最好的契机。这几年里，我一直在做几种空气的研究实验，也花了很多时间研究火的奇异特性，但我从来没有成功地将固定空气合成为普通空气：我曾按照普里斯特利先生的意见，将铁屑、硫和水混合在一起，这样尝试了几次。因为固定空气总和铁结合在一起，并溶于水，所以我从来没有成功过。也许您也不知道怎样才能将固定空气合成为普通空气。我没有大型凸透镜，所以我恳求您用您的凸透镜试试，用这种方式：将一些银溶解在亚硝酸中，然后加入酒石，再清洗、沉淀、晾干，最后用图8①装置中的凸透镜将其还原。由于这个玻璃钟罩里的空气会令动物死亡，一部分固定空气会在这个操作中从银中分离，请您一定要在玻璃钟罩下的水中加入少量的矿灰，这样固定空气才能更加快速地溶入矿灰中。我希望您通过这种方法能观察到：还原过程中产生了多少空气，点燃的蜡烛是否能维持它的火焰，以及动物是否能在里面存活。如果您把这次实验的结果告诉我，我将万分感激。我很荣幸并且保持着崇高的敬意。

您非常谦卑的仆人

卡尔·威廉·舍勒

通过这封信，舍勒为拉瓦锡提供了一套极好的氧气分离程序，而他却不能在自己的实验室里亲自操作。这是第一个戏剧性的例子，说明拉瓦锡煞费苦心积累的技术力量能使他在研究竞赛中遥遥领先。拉瓦锡没有回复舍勒的信（也许他希望自己从未收到过这封信）。没有任何迹象表明他曾经做过舍勒描述的实验。他很可能意识到，如果他这样做了，他就会通过遵循别人的指示而取得重大发现。

相反，拉瓦锡回到了汞灰实验中。在这一点上，普里斯特利

---

① （原注）即拉瓦锡夫人为手册画的拉瓦锡对黑尔斯仪器的改造图。

占了先机，之后还会更加强调这一点。一个关注大西洋两岸气体化学研究的法国人埃德蒙·C. 热内（Edmond C. Genet）对拉瓦锡的研究与普里斯特利的相似之处提出了质疑。拉瓦锡笑了（有多少是发自内心我们就不得而知了），机智而准确地回答道："朋友，你也知道，那些惊动野兔的人并不总是最后能抓到它的人。"

拉瓦锡可能认为，汞灰实验要比与舍勒所建议的实验更保险，因为毕竟他在听到普里斯特利这个话题的相关观点以及裁决博梅和卡代之间的争论之前，就已经观察过这样的实验了。在那次著名的宴会上，普里斯特利曾透露（是的，这类事情难免会在朋友之间泄露），没有木炭参与实验时所产生的气体与通常的固定空气有所不同。

无论如何，1774 年 11 月，拉瓦锡还是回到了用煅烧过的汞进行的实验。1775 年 3 月底，实验结果给他留下了深刻的印象，他把这些实验的成果密封进信封，并将其存放进了科学院。最后，决定性的汞灰实验终于根据二氧化碳和氧气的性质明确区分了这两种气体，尽管这两种气体都还没有被命名。用木炭还原汞灰所产生的气体会溶解在水中，还能使石灰水沉淀、熄灭蜡烛，使老鼠和小鸟窒息，这种空气是二氧化碳——布莱克、普里斯特利等人所说的固定空气。当汞灰在没有木炭的情况下还原时，产生的气体支持火焰燃烧和动物呼吸，但不与水或石灰水结合，这是普里斯特利所称的"脱燃素空气"，或舍勒口中的"火空气"。

拉瓦锡还不知道该怎么称呼这种气体，但他喜欢它，他写道："我们试了两次……蜡烛的实验。这个实验令人着迷，实验中的火焰比普通空气中的火焰要旺盛得多，清晰得多，美丽得多，但在颜色上与普通火焰别无二致。"他有时把这种新气体称为

"极易呼吸的空气"。4月26日，科学院在复活节重新开放，拉瓦锡宣布："在煅烧过程将本身与金属融合，使金属质量增加，并使金属形成矿灰状态的要素，既不是空气的组成部分之一，也不是某种扩散到大气中的酸。它就是完整空气本身，没有变化，没有分解。"从这一点来看，拉瓦锡仍然是错的。他还没有认识到，他所谓的"极易呼吸的空气"是大气的"组成部分"，而不是空气的全部。但在同一次谈话中，他还表示，这种新气体"比普通空气更纯净、更易呼吸，更易点燃，也更能维持物体的燃烧"。他这里用于描述新气体的短语，构成了后来拉瓦锡宣布发现氧气时采用的术语的一半："_____要素。"这里仍然需要一个有效的术语来填补空白。

只能说，氧的发现从来没有像闪电击中风筝上的钥匙那样被清晰而又精彩地描述出来。拉瓦锡是一个雄心勃勃的年轻人，为达目标，尽己所能地超越对手。1775年，他引起了众多竞争者的不满，其中不仅包括普里斯特利（他已经开始抱怨了），还有巴扬。巴扬2月从汞灰还原实验中分离出了氧气和二氧化碳，但在辨别它们之间的区别上远不如拉瓦锡敏锐。拉瓦锡把解释这些实验的功劳都揽在自己身上，这让巴扬很是恼火。巴扬发现并出版了一本150年前让·雷伊（Jean Rey）的书，书中惊人地预言，金属在煅烧过程中的重量增加是由空气成分的固定而引起的。尽管最后拉瓦锡声称自己是法国化学家中发现氧气第一人的说法并没有受到太大的挑战，但这一举动还是引发了一场持续数年的争论。

卡尔·威廉·舍勒是一个野心不大的人，他的性格比大多数人都要温和。或许他在给拉瓦锡的信中所表现的谦逊不仅仅是表面客套，抑或是他认为自己的地位卑微，没有底气得到自己应得的荣誉。早在1771年，舍勒就已经分离出了氧气——他口中的火空气，而且在拉瓦锡等人之前，他就已经能完整地描述氧气的性质，但直到1777年，舍勒的《论火与空气》(*Treatise on Fire and Air*)才得以出版。即使在那时，他也没有要求优先权。而当时拉瓦锡的领先优势已经很大了。

拉瓦锡于1775年4月在法国科学院的演讲在次月出版，题为《关于在煅烧过程中与金属结合并增加其重量的要素的性质》(*On the nature of the principle which combines with metals during calcinations and increases their weight*)。这引起了普里斯特利的强烈反应：

> 在巴黎，我得到了上文提到的汞灰，并且也提到了自己做过以及将要做的实验。等我离开巴黎后，他(拉瓦锡)就开始用同样的物质进行实验了，不久就发现了我所说的脱燃素空气，但他没有研究这种空气的性质，实际上，他也没有完全了解这种空气的纯度。虽然他说这种空气似乎比普通空气更适合呼吸，但他并没有说他做过实验来确定动物在里面的存活时间。因此他推断，这种物质在煅烧的过程中，吸收了大气中的空气，不是一部分，而是全部，我曾说过我也那样做过。但在我看来，在没有任何证据的情况下，他就把他的结论扩展到所有的金属矿灰上了。如果它们能像汞灰一样不加任何添加剂就能还原的话，它们有可能都只产生普通空气。

可以认为，拉瓦锡对普里斯特利的态度有些矛盾。他曾把普里斯特利的研究斥为"由实验编织而成的织物，几乎没有任何理性基础"，但有时，他又宽宏大量地说："我承认，我对普里斯特利先生的想法总是比对我自己的更有信心。"1777 年，拉瓦锡总结了有关氧的定义的研究，坦言："这本回忆录中的一部分实验完全不属于我，或许，更严格地说，在某些方面普里斯特利先生可能是第一个提出想法的人；但由于在同样的事实上我们得出了截然相反的结论，我希望，如果有人指责我从这位著名的物理学家的著作中借用证据，那么至少不要质疑我拥有这些结论的权利。"值得注意的是，由于句子更加接近确定的事实，拉瓦锡的句法变得不那么别扭：他对优先权最强烈的主张还是在理论的解释上。

　　普里斯特利对拉瓦锡 1775 年论文的批评也指出了拉瓦锡理论在当时的一个缺陷。实际上，金属矿灰"吸收的大气中的空气"不是整体，而是一部分。拉瓦锡又花了 3 年时间来解决这个难题。他所做的研究表明，呼吸过程中的固定空气(二氧化碳)逐渐代替了"极易呼吸的空气"(氧气)。在没有木炭的情况下，拉瓦锡对汞灰的煅烧进行了更细致的检查，发现氧气被汞灰吸收后，还剩下第三种气体——氮气，拉瓦锡将其命名为"mofette"。拉瓦锡把这个实验用在了"资产负债表"上，并最终使汞灰中增加的重量与空中减少的重量相等。逆运算也成立，当拉瓦锡加热他用来提炼汞的汞灰时，释放出来的气体(极易呼吸的空气)等于汞灰中减少的重量。最后，将氧气与氮气相结合，产生了普通的空气。空气的分析和合成(舍勒曾提到过)就这样实现了。拉瓦锡宣称："这可能是人们在化学中所得到的最完整的证明——空气的分解和它的重新合成。"

　　这确实是一个巨大的进步。最显著的进展来源于最初看似不重要的部分。当理论上的困难使拉瓦锡灰心丧气时，他就把注意力转移到拥有严格限定目标的实验上。他开始深入研究空气在酸的形成中的作用。1777 年 4 月，他报告了亚硝酸实验的结果（不出意外，这对火药用硝石的生产起着重要作用）。他将汞溶解在亚硝酸中，并加热所产生的盐状物，收集实验过程中释放的气体和液体。当他通过加热将硝酸汞还原时，他得到了水、氮气和氧气。最终证明，精制汞的重量等于他开始时所用汞的重量。

拉瓦锡还证明了"极易呼吸的空气"是碳酸、硫酸、草酸等物质的组成成分。1777 年 9 月 5 日，他向科学院提交了一篇论文，声称与金属结合形成矿灰的要素也是普遍的酸化要素。在这场讲座中，他用一段话阐明他的术语："从现在起，我将以酸化要素的名义，或者，如果你们更愿意用希腊语的话，那就用氧气要素（ le principe oxygine）来命名脱燃素空气，或者是处于混合和固定状态的'极易呼吸的空气'。命名会……让我的表达方式更加严谨，避免含糊不清，因为如果我使用'空气'这个词，人们可能会陷入迷茫，难以理解。"

归根结底，拉瓦锡所发现的是一个词。

"Oxy"一词源自希腊语，意为"酸"；"gen"在希腊语中是"产生"的意思。"principle"（要素）一词的使用暗示了一种来自帕拉塞尔苏斯、玻义耳、贝歇尔，尤其是施塔尔的影响。施塔尔的燃素被定义为一种活性要素，而不是一种物质的组成成分。然而，在拉瓦锡新的描述中，与鲁埃勒对燃素的理解一致，氧确实进入了化学成分中。此时，拉瓦锡明白他所说的极易呼吸的空气是氧和火的混合物，尽管他有些担心，自己的概念与普里斯特利的脱燃素空气没有太大区别。鲁埃勒的观点：空气可能是水和火的结合物，依然在拉瓦锡脑海中萦绕。

第一个以氧为基础的理论还存在其他的小缺陷（氧是一些酸的组成部分，但不是所有酸的组成部分，所以拉瓦锡说的氧气要素也不是普遍的酸化要素）。但氧气要素这一说法也具有可靠性与正确性，足以成为一种公理，为"法国新化学"发展奠定基础。拉瓦锡在1772年早期的"元素体系"手稿中探索的元素理论，在氧气研究上已经有了坚实的支撑。

18世纪70年代末，拉瓦锡位于军火库的实验室发展成了一所学校——不仅拥有年轻化学家的教育研习班，也催生了一个不断发展的思想学派。让-巴蒂斯特·比凯和拉瓦锡一样，都跟鲁埃勒和拉普朗什学习过化学，他开始在军火库里给初级学生讲课——拉瓦锡夫人就是这个班的学生。比凯死后，安托万-弗朗索瓦·德·富克鲁瓦接手了这一职务。当时大西洋两岸的竞争意识仍然很强，拉瓦锡的实验室显然处于法国化学的前沿，具有国际吸引力。尽管拉瓦锡同时忙于税务和金融这两种完全独立的工作，但他每天都还是在实验室里待上几个小时，每周会腾出一整天的时间专门用来做实验——通常还很欢迎人来参观。由于拉瓦锡夫妇的私人公寓当时也在军火库大楼里，拉瓦锡夫人趁此便利经营着一个社交沙龙，作为实验和演示计划的补充。欧洲最杰出的科学家经常光顾拉瓦锡夫人的沙龙。本杰明·富兰克林在担任美国驻法国大使期间也光顾了拉瓦锡夫人的沙龙，他可能是其中最著名的客人。

从1773年起，拉瓦锡就断断续续地与一位名叫皮埃尔-西蒙·德·拉普拉斯（Pierre-Simon de Laplace）的科学院初级成员合作。今天，拉普拉斯主要以数学家的身份被人们记住，但他在设计科学仪器方面也有所建树，他设计的仪器受到了拉瓦锡的青眛。1782 年，在拉普拉斯的帮助下，拉瓦锡完成了实验，该实验的目的是检验拉瓦锡的假设——呼吸是一种产生热量的燃烧方式，或者更准确地说，呼吸可以分解"极易呼吸的空气"并释放其中的火。

到此时，拉瓦锡已经开始摒弃"火质"和"火流体"等说法。马拉在自己对实验的错误解释中用过这些说法。1779 年拉瓦锡曾对这些解释加以纠正（尽管马拉的理论太过荒诞，不足以构成真正的竞争，但拉瓦锡还是谨慎地予以批判）。为了寻找一个与旧炼金术词汇毫无关系的词，拉瓦锡开始用"热量"代替"火质"。热量听起来至少像一种具体的元素——如氧气——而那时，拉瓦锡相信它就是一种元素。

拉瓦锡和拉普拉斯合作设计出一种新仪器：冰量热计（ice calorimeter）。此时的拉瓦锡精通约瑟夫·布莱克的潜热理论，潜热理论就是这台新仪器的灵感来源。冰量热计一共有三层器壁，最里面的容器装在两个嵌套的外层容器中，外层的两个容器都装满了冰。中间的一圈被最外层容器中的冰与外部环境隔离。最里面的容器里进行的反应所产生的热量（无论是燃烧、混合还是呼吸）是根据从中间一圈流出的融化的冰的体积来测量的。

1782—1783 年的那个冬天，冰量热计实验支持了呼吸是燃烧的一种形式的观点。拉普拉斯和拉瓦锡能够证明，燃烧的木炭和呼吸的实验对象消耗了氧气，并产生了固定空气（二氧化碳），同时也散发了热量，这些热量通过测量融化的冰的体积而得出。1783 年 6 月，拉瓦锡将根据这个实验写成的《关于温度的实验笔记》提交科学院。从长远来看，这项工作意义重大，朝着解释哺乳动物保持恒定体温的机制迈出了一步。更广泛地说，它建立了对后来的化学和物理都很重要的热量测量技术。然而，拉瓦锡最感兴趣的还是测量热量或固定火的方法。

在各种情况下，对不同物质进行的不同实验的有效效应（net effect）使拉瓦锡得出这样的结论：煅烧、呼吸和燃烧都是同一消耗氧气的化学过程的各种变体。拉瓦锡还发现氧是空气分解过程中不可还原的元素。拉瓦锡还试图在亚里士多德的四元素中的另一种元素的分解物中发现类似的物质。既然空气的一种成分可以固定在物质中，为什么火的一种成分不能呢？"当然，有人会问，我说的火是什么意思。我的答复与富兰克林、布尔哈弗及古代哲学家们的看法一致，即火或光是一种非常微妙且富有弹性的流体，它们充盈着我们所居住的这个星球，并且或多或少轻松地穿透由他们组成的物质，当能自由游走时，它们往往均匀地分布在所有物质上。"

这一假说是燃素理论的一种替代，因为它"不把可燃物中有任何火质或燃素作为假设"。施塔尔的理论体系认为燃烧的物体会失去燃素（一种有重量的物质），而精炼的金属会获得燃素——但煅烧过的金属失去燃素后，不知为何质量反而有了增加。多年来，拉瓦锡一直关注这一矛盾。现在他有足够的信心说，如果自己的解释行得通，"那么，施塔尔体系的根基将会动摇"。拉瓦锡最不喜欢施塔尔学说的地方在于，它的证据"不可避免地陷入了一个恶性循环"。"可燃物体因燃烧而具有火质，因为含有火质而燃烧。显然，在最后的分析中，他们在用燃烧来解释燃烧问题。"在拉瓦锡最早的化学研究中，循环推理是第一个令他反感的地方。

施塔尔的学说和拉瓦锡学说之间的区别，在某种程度上仍然难以把握。燃素和拉瓦锡的热量或火质有什么区别？在这个阶段，这种差别与所在物有关。尽管人们认为燃素存在于固体中，但人们也在空气中发现了火质，它与物质结合增加了它们的弹性（这是热的一种实际性质），这种反应使固体变为液体，液体变为蒸汽。

拉瓦锡把火想象成一种流体，认为它可以像水溶解盐和酸溶解金属一样溶解各种物质。新的假设通过推断燃烧和煅烧涉及"纯净空气的基础物"的固定，解决了燃烧或煅烧物体失去燃素时重量增加这一难题。然而，拉瓦锡意识到，他所展开的理论在这方面的证据还不充分。他与拉普拉斯一起用冰量热计所做的实验试图找出一种分离和量化热量的方法，但由于热量（这些实验的真正对象）并不像拉瓦锡预想的那样具有实体性，在某种程度上，热量也让他们感到迷惑。

1783 年初夏，拉瓦锡和拉普拉斯成功地完成了一个更具结论性的实验：水（H_2O）的合成。1766 年，另一位英国科学家亨利·卡文迪什（Henry Cavendish）发现了氢——与氧类似，氢也是一种可燃气体，卡文迪什称其为"可燃空气"。早在 1774 年拉瓦锡就做了燃烧氢气的实验，并且认为，这种化学反应可以固定空气，但他并不知道水是这一反应的产物，并且他的仪器是用水来捕捉气体，因此，这一实验结果对他而言没有意义。

后来，拉瓦锡将"氧气要素"设想为酸化要素，他预想氢的燃烧应该也能形成酸。然而事实却不是这样的。1781 年，普里斯特利和另一位英国人约翰·沃尔蒂尔（John Waltire）注意到，燃烧的氢气与大气空气结合后在烧瓶内留下了水汽——然而，对普里斯特利而言，这个结果证明了"易燃的空气（氢）不是别的，正是燃素"。1783 年，卡文迪什在一次类似的实验中合成了水，并使用了一种基于燃素的异常复杂的理论来解释实验结果。

1783 年 6 月，拉瓦锡和拉普拉斯将氢气和氧气喷入一个用汞代替水来密封钟罩的集气槽中，这种集气槽对水溶性气体的容纳性更强，有利于实验者测量他们认为实验会产生的液体。在集气槽中用汞代替水，纠正了拉瓦锡先前测量氢和氧的结合物的错误。当时他或许已经预料到水可能就是实验的结果。他和拉普拉斯燃烧了氢和氧的混合物——通过寻找最亮的火焰来确定正确的比例——并从汞密封的玻璃容器中收集水。随后的测量不是很精确，但在 6 月 25 日，拉瓦锡已经有足够的信心宣布："如果在钟罩下将一些供呼吸的空气与其近 2 倍的含水的易燃空气混合并燃烧，假设两者的纯度都很高，两种空气都会被完全吸收，人们会发现汞的表面会出现一些水，这些水的重量与所用的两种空气的质量相等。"

那些年，蒙戈尔菲耶（Montgolfier）兄弟一直在试飞热气球；物理学家雅克·夏尔（Jacques Charles）用氢气充进气球进行相关研究。拉瓦锡对这些热气球项目很感兴趣，研究出了大量生产氢气的方法。物理学家、工程师让-巴蒂斯特·默尼耶（Jean-Baptiste Meusnier）帮助拉瓦锡完成了氢气生产的研究。拉瓦锡早期研究巴黎供水系统时，曾向他咨询过各种技术问题。

1785 年，拉瓦锡又回到了水成分的研究实验中。在默尼耶的帮助下，拉瓦锡设计出令人印象深刻的新仪器：两个储气罐，每个上面都连接着一个燃烧容器。经过储气罐精确调节气体体积后，氢气和氧气被输送到燃烧容器中，然后由电火花点燃，最后合成水。实验分析的过程则没有实验场景那样壮观：水滴进一个烧红的铁制枪管中，被分解成氧气和氢气；其中氢气是通过装满水的集气槽收集的。默尼耶和拉瓦锡用这个程序来收集氢气制作热气球，所以没有收集氧气。

这些实验使用的仪器拥有着同样惊人的价格。仅仅是其中一个储气罐的价格就相当于 21 世纪的 25 万美元，但称得上物有所值，因为它们精确无误、效率惊人、设计和制造都很精美——这是新兴工业革命中最好的产物。拉瓦锡的昂贵设备让人想起更孤僻、更贫穷的舍勒，两人形成鲜明的对比。舍勒没有合格的大型凸透镜来证实自己的氧气发现。拉瓦锡对水的分析和合成研究足以把所有潜在竞争对手彻底挤出赛场。

早在鲁埃勒偶尔出现爆炸的公开演示中，拉瓦锡便看到了戏剧性演示的价值，当他在巴黎市中心的露天场所用巨大的钦豪申透镜装置进行实验时，这个观念得到了强化。在超过 30 名科学

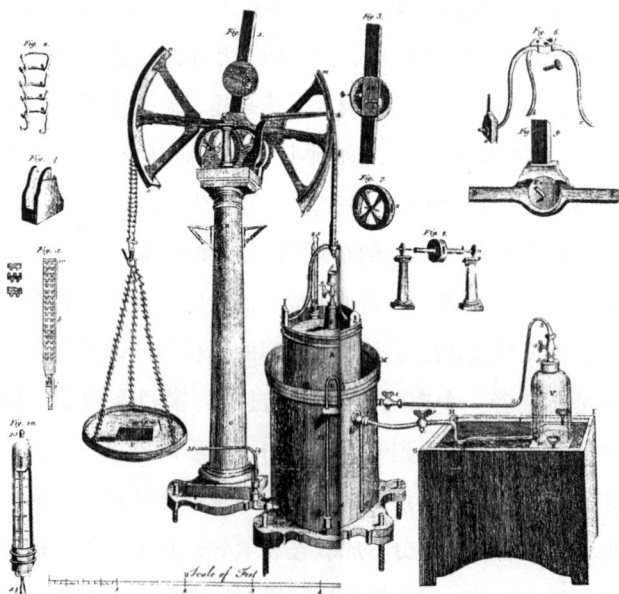

拉瓦锡的储气罐，由拉瓦锡夫人绘制

家的观察下，他对水的分析和合成就像从巴黎马尔斯校场（Champ de Mars）升起的氢气球一样精彩。这对英国观察家阿瑟·杨（Arthur Young）产生了预期的效果，他报告说："这是一台高贵的机器。当拉瓦锡先生称赞其结构时，他用一种承认他们总体上不如我们的腔调说：'是的，先生，我是法国艺术家！'"

　　如果拉瓦锡真的想要自嘲，他完全可以做出这样的姿态，因为从国家的角度来看，水的分析和合成宣告了法国的确掌握了"法国新化学"。至于科学结论，可以简明扼要地说："水不是一种成分，恰恰相反，它是由两种截然不同的要素构成的，即供呼吸的空气和氢气的基本成分；并且……这两种要素的比例关系将会是85：15。"

　　通过对矿物和金属矿石的研究，对空气的分解和重组，以及对水的分析和合成，拉瓦锡实际上已经分析了亚里士多德四种元素的其中三种。这些发现，加上拉瓦锡越来越自信地将它们放在不断扩展的理论背景下，足以兑现他十年前许下的化学革命的诺言。

　　在四种古代元素中，拉瓦锡只剩下火元素还未分析清楚。从现代的观点来看，拉瓦锡无法对火有实质的理解是情有可原的。然而，到1785年，拉瓦锡已经为废除燃素说做好了充分的准备工作。事实上，大部分的实验工作都已完成。此后，推翻燃素理论将是一项政治工作。

第四章　化学革命

The Chemical Revolution

见此图标
微信扫码

辅助阅读：炼
金术、拉瓦锡
与现代化学。

　　1788 年，18 世纪新古典主义绘画大师大卫绘制了一幅拉瓦锡夫妇的全身像。乍看之下，整幅画以玛丽-安妮·拉瓦锡为主。拉瓦锡稍被妻子遮住了一些，他把视线从文件上移开，然后抬起头，仿佛正被来到自己身旁的妻子所吸引。玛丽的左手轻轻搭在拉瓦锡肩上，右手则紧挨着拉瓦锡右手袖口的花边，指关节屈起，扣在桌面昂贵的红布上。拉瓦锡衣着华贵，但色调素净，除了手腕和脖子上必不可少的白色花边及鞋上的银扣外，全身都是黑色。按照 18 世纪的朝臣风格，他似乎在"做屈膝礼"，腰部以上的姿势传达出一种极少被打破的专注，似乎很快他又会沉浸在思考中。

　　拉瓦锡的目光盯着自己的妻子，整幅画面只有玛丽面向观众——仿佛她才注意到我们，但没有表现出丝毫局促。玛丽裙摆及地，由简单的白色棉布制成，配以蓝色腰带，光线从画面左上角倾泻而入。大卫将玛丽的面部勾画得平静祥和，与我们的期待相符。玛丽当时三十出头，脸上已经褪去年轻时的红晕，但那仍然是一张迷人的脸。她的容貌透出智慧、决心和坚持不懈地运用前两种品质的耐心。

大卫创作的拉瓦锡夫妇肖像画

大卫是一位活跃的剧院画家，拉瓦锡夫妇的肖像画虽不是歌剧风格，看起来却像戏剧场景。大卫捕捉到了拉瓦锡夫妇的动作，尽管他们的动作无声而克制：这幅图像凝练了他们的婚姻关系——亲密和情感服务于彼此的知识伙伴关系。玛丽以熟稔的家常姿势，温柔地靠在丈夫肩上，她的右臂更有力地伸向桌子，给予拉瓦锡握笔的手以力量。拉瓦锡举起左手，摆出一副询问的姿势，双唇微微张开，像是在说话。他在向妻子寻求支持、建议或问题的答案——无论如何，他在寻求某种东西。拉瓦锡没有看向我们，而玛丽给了我们一个坚定而轻蔑的眼神，让人感觉他们俩马上就要回去工作了。

大卫这幅画，画的正是拉瓦锡夫妇全盛时期的状态——对于他们的成就及成就所赢得的认可而言。拉瓦锡在公共事务上成就卓著，他是巴黎城市规划、法国国民经济、农业改革和新兴化学工业的中坚力量。拉瓦锡当时在纯科学领域是公认的理论家，领导组织了一场现在人们公认的化学革命。他的夫人玛丽是他所有科学创新的坚定支持者。从1777年开始，她就和其他一些经过选拔的学生一起在拉瓦锡军火库的实验室里，跟着让-巴蒂斯特·比凯学习化学课程。经过学习，玛丽成为了丈夫的实验室助理，主要工作是编辑丈夫的实验纪要和报告，以及将其他语言的化学论文翻译成法语。大卫的这幅肖像画所描绘的似乎是玛丽正在协助拉瓦锡更正一些手稿。

1786年，玛丽开始向大卫学习素描等绘画课程。玛丽有两幅经大卫指导的画保存了下来，上面都有大卫手写的评语。在其中一幅画着安提诺乌斯半身像的素描习作上，大卫连写了三个"非常好"，而在另一幅画着古典裸体人像的铜版画上，大卫则写下这样一句话："到目前为止，我高兴至极。"大卫这样的赞美其实也存有私心，他为拉瓦锡夫妇画像的价格高达7000里弗尔——比法国国王画师的酬劳还高。从拉瓦锡夫人留存的艺术作品可以看出，她能力尚可，但称不上天赋过人。1788年，她为本杰明·富兰克林画过一幅肖像画，并赠与本人——得到的回应是"见过这幅画的人都称这幅画价值非凡，值得入手，但对我而言，这幅画最让我珍视的还是那只握着画笔的玉手"。

在大卫所作的拉瓦锡夫妇的画像中，玛丽背后的一把扶手椅上有一个画夹，象征着她突出的绘画能力。拉瓦锡常在草图中表达自己不断发展的想法，这些极其粗糙的草图经过玛丽的精细修改后，可能会让拉瓦锡的思路更为清晰。拉瓦锡简单勾画了自己想要制造的设备；这一设备一被制造出来，玛丽就会为其补充更为细致准确的绘图，并且清晰明了地呈现这一设备的制造目的和作用。1789年版《化学基础论》中的13幅插图皆出自她手。

拉瓦锡夫人作品：拉瓦锡呼吸实验静态图

画于1790 年左右的两张深棕色的图纸，描绘了一幅独特的图像，上面画着军火库实验室最繁荣时期的情景（同时也是拉瓦锡当时用于人类呼吸实验的仪器的唯一记录）。这些以新古典对称主义为基础的作品能明显看出受了大卫的影响。拉瓦锡夫人将自己的丈夫画得如英雄一般，领导着几个助手，并主管着实验的被试人［阿尔芒·塞金（Armand Seguin），一位年轻的化学家。图中，他的头被面具和头罩封住，通过一根长管子将他呼吸的气体输送到仪器里］。玛丽把自己也画进了这两幅画，担任画中记录实验数据的重要角色。在这两幅画中，她都处在画面的边缘，同时又对画面的平衡起着至关重要的作用。

从这些方面看，玛丽似乎是一位近乎完美的妻子——尽管她从未做过母亲——一位理想的帮手和研究伙伴。美国人古弗尼尔·莫里斯（Gouverneur Morris）曾在1789 年秋天与玛丽共处过一段时间，他写道："夫人似乎是一个和蔼可亲的女人。她还算漂亮，可是从她的态度看来，她似乎认为自己的长处是善解人意，而不是工作能力。"尽管这一称赞显得有些苍白，但莫里斯还是殷勤地与她攀谈起来。"当她告诉我她没有孩子时，我开玩笑地责备她懒惰，但她只回答说她运气不好。"

玛丽向世人展示的精心维持的形象有一个不和谐之处：1781年，她与拉瓦锡的朋友兼同事皮埃尔-萨米埃尔·杜邦开始了一段长期的婚外情。杜邦与富兰克林等科学界名人一样，是拉瓦锡沙龙的常客。拉瓦锡比他的妻子大 14 岁，在某些方面似乎是一名不合格的丈夫。比起乡村庄园，玛丽更喜欢巴黎，但丈夫却越来越多地待在乡村庄园。杜邦相比之下要更世俗一些，对女人更有吸引力，也许还更性感。这种事情在当时很常见，18 世纪的法国社会对婚外情很包容，不过玛丽似乎对自己的婚外情格外谨慎。18世纪80年代，她参加杜伊勒里宫晚上举办的科学讲座时有一个奇怪的习惯，即坐马车来，步行离开——回军火库实验室的路途很远。一位名叫弗伦利伊（Frénilly）男爵的观察家认为玛丽的这种行为是出于节俭，但考虑到拉瓦锡家族坐拥巨额财富，这种解释似乎说不通。现在的传记作家认为更有可能的是，玛丽之所以在夜间独自散步，是为了躲开朋友视线，投入情人的怀抱。两人的婚外情在玛丽生前一直是秘密，直到后来，人们才从杜邦的信件中发现这件事。

如果我们带着这一背景来审视大卫的画作，是否会在拉瓦锡仰头直视的眼神中发现一丝质疑？玛丽的婚外情已经有7年了，但是她行事谨慎，拉瓦锡可能并没有察觉到任何迹象。他在肖像画中的表情和神态更多被解读为受他的缪斯女神启发这样的传统诗意主题。没有史料记载拉瓦锡在自己的成功岁月里是否也有过风流韵事。即使他真有风流韵事，那也再正常不过。不过，还没有证据表明他有，他似乎很少或根本没有冒这种险的兴趣。他太忙了，几乎没有时间暧昧调情。

大卫所作的拉瓦锡夫妇肖像画中的其他装备都是科学仪器。也许是在拉瓦锡夫妇的要求下，这位艺术家精心表现了完成化学革命所使用的仪器，拉瓦锡参与了其中一些的设计。地板上，拉瓦锡优雅的鞋子旁有一个烧瓶，它与实际用于合成水实验的烧瓶非常相似。拉瓦锡为测量液体密度而重新设计的黄铜比重计有一部分被玻璃容器遮住了。传记作家让-皮埃尔·普瓦里耶（Jean-Pierre Poirier）指出，这些细节一定是大卫强加的，因为一丝不苟的拉瓦锡绝不会把仪器如此随意地扔在地板上。

拉瓦锡墨水瓶旁的储气罐比 1785 年合成水时使用的储气罐版本更早，体积也小得多——放在客厅里要更方便。这个储气罐的存在，加上旁边一个窄管里的汞，是为了让观赏者回想起汞灰实验里释放氧气的发现。在图像的边缘被画框遮挡了一部分的是拉瓦锡版本的黑尔斯气体实验仪器：一个倒置在瓷盆中的玻璃钟罩。在拉瓦锡关键实验中最重要的仪器中，只有天平没有出现。也许大卫觉得它并没有视觉吸引力，又或者它被用在了其他地方。

人们认为拉瓦锡在画中无心修改的书稿是他的《化学基础论》，还认为拉瓦锡夫人背后的画夹里夹了这部著作所用的 13 幅在大卫指导下完成的插图。摆放在桌子和地板上的仪器的排列顺序与它们在书中的关键实验中的排列顺序相同。这幅肖像画本打算在 1789 年的沙龙上展出。同年，《化学基础论》出版。这幅画成了权威的视觉记录，就像《化学基础论》是权威的文字记录一样。文字和图像相互强化——向所有的媒体共同传递一个信息：以拉瓦锡为首的化学革命已经站稳了脚跟。

化学革命首先需要推翻的是燃素理论。1785 年以前，拉瓦锡就已经对其防御工事进行了多次轻微试探。18 世纪 80 年代早期成功合成水后，拉瓦锡对燃素理论的抨击变得更为猛烈："施塔尔引入化学的这一实体，非但没有给化学带来光明，还为那些未深入研究化学的人创造了一门晦涩难懂的科学。它是'解围之神'：一种解释一切却又什么也解释不了的实体。"在化学发展的这个阶段，这种批评相当合理：以施塔尔假设为基础的理论家们赋予了燃素太多自我矛盾的性质，拉瓦锡能轻易且合理地谴责燃素是

"解围之神"。进一步而言，指责燃素是"解围之神"，其实就是在指责它不是一种理性的解决办法，而是一种障眼法。燃素理论变成了一种促进循环推理的机制，而年轻的拉瓦锡在首次接触化学时就对循环推理感到怀疑。

战斗就此打响。1785 年 6 月，拉瓦锡在科学院的一次会议上宣读了他的《关于燃素的思考》(*Réflexions sur la phlogistique*)。他指责道："化学家们把燃素变成了一种模糊的要素，对其根本没有严格的定义。因此，只要他们想拿燃素解释什么，燃素就能自动地进行调整。在他们的解释中，燃素有时有重量，有时则没有重量；有时是自由的火，有时是与土元素结合的火；有时它能穿过容器的孔隙，有时却无法穿透；它能同时解释腐蚀性和非腐蚀性、半透明性和不透明性、颜色及其不存在性。它是名副其实的普洛透斯①，每分每秒都在改变形态。是时候让化学回到一种更严谨的推理方式上来了……将事实观察与系统假设区分开来。"

在最后一句话中，我们又看到拉瓦锡思想中一个反复出现的悖论。虽然拉瓦锡最伟大的成就是理论，但他总是从根本上怀疑一个系统存在为了其自身的内部一致性而忽视或歪曲实验事实的倾向。事实上，拉瓦锡早期的理论有时也包含这样的错误。在 1777 年关于燃烧的实验纪要中，他曾公开论述过这一问题。"尽管在自然科学中，系统性这一精神是危险的，但同样令人担心的是，大量无序的实验事实堆积起来，可能会使科学更难理解，而不是更易懂——这样一来，恐怕会让那些处于化学入门阶段的人更难理解——恐怕人们付出长期艰苦努力的回报只有混乱和困

---

① 普洛透斯(Proteus)，希腊神话中变幻无定的海神。

惑。事实、观察、实验都是建成宏伟大厦的材料。但在组合它们的同时，我们不能阻碍科学发展。相反，我们必须投身于它们的分类工作，让它们各归其主，研究它们所属的整体的每一部分。"

直到 1785 年的夏天，在《关于燃素的思考》中，拉瓦锡才有足够的信心"表明施塔尔的燃素是一个空想，它在金属、硫、磷和所有可燃物中的存在都是毫无根据的假设，所有燃烧和煅烧都可以用一种不含燃素的简单得多的方法来解释"。也就是说，当他把他的"事实、观察、实验"构建到具有新秩序的大厦中时，出现了一种对所讨论的现象更高级的(因为更简单)解释。

拉瓦锡说的这些话，运用的似乎是奥卡姆剃刀原理，尽管尚不确定他是否直接运用了"简约原则"。奥卡姆剃刀原理不属于 18 世纪科学家的理论工具，但拉瓦锡对燃素理论的反驳是其应用的一个经典例子。14 世纪，奥卡姆的威廉提出，所有的推理都应从最少的必要假设出发——这个概念限制了理论天生的自我修饰倾向。人们记得，施塔尔在简化无数炼金术幻想提出燃素假设时，也曾运用了奥卡姆剃刀原理的思想。拉瓦锡一直明确表示他对燃素理论的批评并不代表对施塔尔本人的攻击。通过证明没有燃素的化学比有燃素的化学更清晰、更简单，拉瓦锡剔除了化学理论中的许多糟粕。

在《关于燃素的思考》的结语中，拉瓦锡(带着他在许多冒险行动时都有的沉着冷静)说："我很满意地看到，一开始不带偏见地研究科学的年轻人、几何学者以及使人们对化学事实有新认识的物理学家们，都不会再像施塔尔那样相信燃素学说。把整个燃素学说当作脚手架，对扩展化学科学的结构而言，与其说是一种帮助，不如说是一种阻碍。"在科学院发表这样的声明，无异于把自己的帽子扔到敌人防御工事的墙壁上——这是在承诺，自己要么光荣地夺回它，要么就在战斗中灭亡。事实上，在1785年夏天，拉瓦锡还没有对"反燃素"学说做出任何有影响力的阐述。

拉瓦锡的反燃素理论的缺陷在于，批评家们可以把它（这与马拉的谩骂类似）斥为燃素理论的另一种形式。拉瓦锡的理论确实保留了热量或火质的概念，与氧这一重要事实并行——在这里，他的理论和施塔尔的理论主要区别在于，施塔尔把火质放在可燃物中，而拉瓦锡将其放在氧中。许多批评家很快就声称，拉瓦锡的《关于燃素的思考》只不过是"逆练"施塔尔理论罢了，就像黑弥撒里颠倒的圣经教义一样。

拉瓦锡受到来自英国的组织的反对，普里斯特利还在义正辞严地抱怨拉瓦锡在氧气发现上的抢占。1787年，普里斯特利在皇家学会的同事、爱尔兰化学家理查德·柯万（Richard Kirwan）发表了《论燃素及酸的成分》（*An Essay on Phlogiston and the Constitution of Acids*）。如拉瓦锡会对普里斯特利所做的一样，柯万首先恭敬地对拉瓦锡的实验研究致以敬意，然后对其理论发起攻击。柯万对拉瓦锡的研究结果［如爱尔兰人尖锐指出的，普里斯特利、卡文迪什和阿代尔·克劳福德（Adair Crawford）之前已经得出了几个结论］的相反解释是：金属与酸接触会释放可燃气体，这一事实证明了燃素的存在。柯万决定用燃素定义氢，并用大量笔墨试图证明所有可燃物质都含有氢或燃素。他最后承认，拉瓦锡的"反燃素假说的简洁性值得推荐"，但仍然认为，与施塔尔的燃素理论相比，"拉瓦锡的理论在应用上过于武断，很难得到一般哲学推理规则的支持"。

柯万的反击很成功，先后在英国、德国和瑞典取得成效。拉瓦锡的第一反应是让玛丽将柯万的作品翻译成法语。这一举动虽然乍一看有些反常，但最终证明是明智之举。

数学家拉普朗什曾花数年时间帮助拉瓦锡设计实验设备和计算结果，很早就转为了新的反燃素理论的支持者。和他一起的还有数学家雅克·库赞（Jacques Cousin）和亚历山大·范德蒙德（Alexandre Vandermonde）。年轻的化学家安托万-弗朗索瓦·德·富克鲁瓦经常在拉瓦锡的军火库实验室里工作，参与那里的理论研讨。他很早就被说服了，或者至少是半信半疑。

在比凯（拉瓦锡夫人的化学导师）去世后，富克鲁瓦接手了比凯的化学课程。在一段时间里，他试图将拉瓦锡的理论与施塔尔的理论结合起来讲授，但渐渐地，他就用新理论取代了旧理论。像鲁埃勒一样，富克鲁瓦也曾在皇家植物园向公众开设化学课程，通过在教学方面的实践，他在推广反燃素学说方面取得了最大的影响力。

克劳德-路易·贝托莱是一位有影响力的化学家，曾与拉瓦锡在气球项目和火药贸易上有过密切合作。他也公开支持新理论。受他影响，其他人纷纷加入拉瓦锡阵营，其中包括加斯帕尔·蒙热（Gaspard Monge）和让-安托万·沙普塔尔（Jean-Antoine Chaptal）。当时正在编写化学词典的吉东·德·莫尔沃在这两种理论之间摇摆不定。拉瓦锡、蒙热和富克鲁瓦前往第戎（Dijon），试图把他争取到反燃素这一边，而柯万则写信试图让他忠于燃素。

反对拉瓦锡的力量依然强大。麦夸里这样的老化学家不愿放弃燃素说。让-克劳德·德·拉梅特里（Jean-Claude de Lamétherie）是新化学的强烈反对者。1785 年，他成了法国最具影响力的科学刊物——让-弗朗索瓦·皮拉特·德·罗齐耶（Jean-François Pilatre de Rozier）的《物理学杂志》（*Journal de physique*）的编辑。柯万对拉瓦锡理论的驳斥吸引了全欧洲尤其是德国和英国的燃素支持者，在德国和英国，反对法国新发现是带有民族主义色彩的。

1788 年初，拉瓦锡和他的同盟者以一种马基雅维利式的诡辩作为回应。他们自行出版了柯万《论燃素及酸的成分》的法语版——同时还附上了多方面的驳斥。在书中，拉瓦锡、贝托莱、富克鲁瓦、蒙热和吉东·德·莫尔沃在各自的专业领域撰写文章，反对燃素的存在。在接下来的一年中，双方争执不休：1789 年，柯万出版了该书的新版本，选取了一些来自法国的评论并试图反驳。虽然柯万的话语中不乏有效的讽刺，但显然不像以前那样有力。1791 年，柯万最终放弃了燃素理论，而其他大多数化学家早已经这样做了。

1787 年，拉瓦锡阵营发动了另一次进攻。这次的新战场是在语言上，虽然暂时还没有取得胜利，却具有最深远的意义。这个计划的目标是创造新术语来表达新的法国化学。在这一过程中，反燃素联盟的核心——拉瓦锡、富克鲁瓦、贝托莱和吉东·德·莫尔沃几人的关系得到了锻炼和巩固。这一过程还产生了"氧"这个名字（同时也是这个项目的第一个新词和第一个灵感），这四人开始着手改革整个化学命名法。

对拉瓦锡而言，清楚的表达同清晰的推理、程序以及分析一样重要，这些因素相辅相成。"通过符号来表达思想和形象并不是语言（人们普遍认为的）唯一的目标。此外，它们还是真正的分析方法，我们借助语言从已知走向未知……分析方法是一种语言，语言是一种分析方法，这两种表达方式在某种意义上是同义的。"

这句话无疑与 18 世纪另一位启蒙主义学者——艾蒂安·博内·德·孔狄亚克①的思想形成明确自然的呼应，这位学者曾写道："说话的艺术、写作的艺术、推理的艺术和思考的艺术，说到底都是同一种艺术。事实上，当一个人知道如何思考时，他就知道如何推理，如何清晰口述，以及如何写好文章。能说就能思考，能说就能写。"当拉瓦锡和他的三位伙伴开始发明新的化学命名法时，这种才智的协同对教师、哲学家和科学家产生了巨大的影响。1787 年 4 月，拉瓦锡向科学院介绍了这一思想："语言应该催生思想，思想应该描述事实；三者就像同一枚印章的三个印迹一样。语言让思想得以保存和传递，因此，如果不改进语言，科学就得不到发展。"

在《化学命名法》(*Méthode de nomenclature chimique*) 的序言中，按照孔狄亚克的说法，拉瓦锡解释了"代数语言可以译成通俗语言，反之亦然，理解与判断的过程是如何等同的，以及为什么说推理的艺术就是分析的艺术"。这是一条通往化学数学化的道路，也是拉瓦锡在其职业生涯的大部分时间里一直在寻找的道路。1780 年，孔狄亚克在首次发表于巴黎的《逻辑学》(*La logique*) 中写道："分析无非是按照一个连续的次序观察一个物体的性质，以便在我们的头脑中形成同时存在于这些性质之外的另一次序。因此，人们认为只有哲学家才掌握的分析，实际上每个人都能掌

---

① 艾蒂安·博内·德·孔狄亚克(Étienne Bonnet de Condillac)，18 世纪著名法语作家、哲学家，他将洛克的唯物主义经验论心理学思想发展为感觉主义心理学思想。

握。我没教给读者任何东西，我只是让他记下他不断在做的事。"
在孔狄亚克看来，这种分析方法是普遍适用的，不仅适用于道德
和政治，也同样适用于科学和自然哲学，尽管彼时《化学命名法》
还没有打算将这种方法推广开来。

然而，拉瓦锡认识到"需要引入化学教学研究的"分析方法与
命名法的改革密切相关。拉瓦锡认为分析法的正确表达能产生令
人信服的力量："通过一种精致的语言，可以掌握自然和连续的
思想秩序，这门语言还将为教学方式带来一场迅速而必要的革
命。它不允许那些声称精通化学的人偏离自然的边界，他们要么
拒绝这个命名法，要么不可抗拒地遵循这一命名法所标示的
路线。"

确实是不可抗拒——任何使用法国新命名法的人只能接受命
名法所依据的反燃素理论。拉瓦锡在序言中承认，"我们还远没
有完全掌握整个化学的全部内容，但只要在良好的规则下运行，
只要是一种命名的方法而不是单纯的术语表，它就必须自然地适
应未来的发现，并预先指出可能发现的新物质的方法和名称。我
们需要的只是局部的特殊改造"。新化学词汇不像大多数炼金术
术语那样随意地为物质命名，而是运用语言表达化学关系——将
语言作为一种分析工具。

化学命名法首先定义的是简单的、不能分解的物质。这个列
表的顶部是变幻莫测的火质，现在被新定义为"热量"——这是新
的化学体系中最后残留的燃素理论痕迹，当时拉瓦锡和他的搭档
尚未认识到热量不是物质而是能源（尽管到 1789 年他就开始说
"我们不必认为'热量'是一个真正的物质"）。分析工具还揭示了

其他不可还原的元素物质：氧、氢、氮、硫、磷、铁、金，等等。代表复合物的新词用后缀描述复合物的组成性质，因此，硝酸钙的后缀表明这种盐的氧含量比它同类的亚硝酸钙化合物高。

拉瓦锡年轻时曾与贝尔纳·德·朱西厄一起进行植物学研究，当时他就接触过林奈①的生物分类系统。林奈采用双名法对植物进行分类，其中一个词表示属，另一个词表示种。早在1775年，吉东·德·莫尔沃就开始致力于将这一体系引入化学。在相对静态的林奈分类体系中，拉瓦锡现在又将孔狄亚克的命名意识加入到了分析方法之中。

以前的化学名称和术语是通过理论被人为添加到可观察的事实上的，而新命名法的术语则是根据物质的分析得出的，并且很大程度上建立在明确且得到充分证实的实验结果之上。此外，简单元素的新定义帮助几个世纪以来的物质组成研究得出了一个近乎确定的结论。从此以后，科学的中心主题将不再是构成，而是变化。

借助新的命名法，加上物质守恒原理，化学分析便可以用代数术语来表示。拉瓦锡在1787年的实验纪要中写道："我必须分析一种盐，但我不知道这种盐由何种酸或碱构成。"

> 我把称重过后的这种盐放入曲颈瓶，在上面倒了硫酸并蒸馏，在容器中得到了亚硝酸，最后得出结论，这种盐是硝酸钠。

① 卡尔·林奈（Carl Linnaeus，1707—1778），瑞典植物学家、动物学家和医生，瑞典科学院创始人之一及第一任主席。他奠定了现代生物学"双名法"的基础，是现代生物分类学之父，也被认为是现代生态学之父之一。

但究竟是什么推理机制使我得出这个结论呢？你只要想一想就知道了。首先，很明显，如果我想精确计算数量，我就必须假设所用材料的重量在实验前后是一样的，只是有了一些修正。因此，我在心里建立了一个等式，其中，操作前的材料构成了第一个部分，实验操作后获得的材料构成了第二个部分。通过解这个方程，我成功地得到了这个结果。

借助这一代数过程，拉瓦锡实际上确定了两个未知变量：亚硝酸和固定碱。他得出这种盐是硝酸钠的过程——运用了将数学精确性引入化学的方法，这会让他的化学老师拉普朗什感到高兴。

尽管受到拉瓦锡及其同盟者竭力拉拢，但在相当长的一段时间里，吉东仍旧支持燃素说，对拉瓦锡等人的努力不为所动。显然是命名法的改革最终吸引了他投身于命名法所代表的新化学。早在1782年，吉东就尝试过类似的方法——用林奈命名法建立化学分类。他心中已经有了这个目标，加入化学命名法研究为他提供了达到这一目标的途径。拉瓦锡曾提出这样的观点：化学家"要么拒绝这个命名法，要么不可抗拒地遵循这一命名法所标示的路线"。吉东从支持燃素理论到支持氧气理论的转变是这一观点较早的、重要的证明，其他人也会跟着效仿，尽管过程并非一帆风顺。

1787年6月，科学院院士博梅、卡代、让·达尔塞（Jean Darcet）和巴尔塔扎尔·乔治·萨热发表了关于新命名法的报告，攻击拉瓦锡以氧为基础的理论，并为燃素理论辩护。博梅在氧气发现方面是个不成功的竞争者，也许还在为拉瓦锡的先发制人而苦恼。拉梅特里也在《物理学杂志》上发表了类似的评论。他像许多反对新理论和新术语的人一样，认为系统地创建新术语令人反感："没有什么比普遍共识更重要的了，这种共识就是所谓的'使用'，只有它才有权力改变某些术语并将其替换为其他术语。"这本刊物的反对意见成了拉瓦锡和他的支持者的大麻烦，最终拉瓦锡阵营创立了一份与之相竞争的期刊：《化学年鉴》(*Annales de chimie*)。

无论如何，新术语的反对者都不会放过这一难以遮蔽的缺点：任何一个使用术语的人，也会被迫接受它所表达的理论，这是采用这种术语的副作用。此外，新术语的"法国化"尤其让法国以外的化学家反感。因此，约瑟夫·布莱克说："很明显，这些名称最初是配合法语的语言特征设计的，后来又被译成了拉丁语；或者说，原本在拉丁语中使用的词是从法语中创造出来的。当我们熟悉事物的名称发生变化时，这些术语不符合或者打乱了我们以前养成的习惯，因此我相信大多数人一开始都会觉得厌烦。在我看来，这些拉丁化的法语单词起初非常刺耳，令人生厌。"尽管布莱克的评论充满敌意，但也很有见解。他注意到的语言"特征"正在塑造高乃依(Corneille)和拉辛(Racine)的新古典主义文学，以及百科全书派的文本。法语正发展为一种精巧而理性的工具，它是理论体系的理想工具。事实上，这是布莱克专门针对"对理论的渴望"，也就是所谓的"系统狂人"做出的反应。亨利·卡文迪什还认为"系统性地命名"不恰当，也认为"(拉瓦锡的)计划一旦实施，将带来巨大危害"。在大西洋彼岸，托马斯·杰斐逊(Thomas Jefferson)预言，新的法式化学术语将会失败：

"它是不成熟的、不充分的、错误的……总的来说，我认为这个新的命名法会由于弊大于利而无法推广。"之前收到拉瓦锡寄来的一册《化学命名法》的富兰克林，选择向拉瓦锡夫人而不是拉瓦锡本人表示感谢，还带着明显不置可否的语气评论道："这一定是一本非常有用的书。"

奇怪的是，比起法国化学家，新命名法更容易赢得法国数学家和物理学家的青睐（无疑，新命名法的创造者们对此感到相当沮丧）。在英国，拉瓦锡的第一个支持者是神学家爱德华·金（Edward King）。沙普塔尔很早就采用了这个新的命名法，他根据对身边人的观察，发现大多数同代人都"希望革命能缓缓地到来"。但和富克鲁瓦一样，沙普塔尔是一名教师。命名法在教学上的便利会是一种很大的优势。最后，就连布莱克也开始讲授命名法了。

1786 年，吉东第一次给《方法论百科全书》（*Encyclopédie méthodique*）撰写化学词条，当时他仍是燃素理论的坚定拥护者。到了 1789 年，他彻底皈依反燃素理论和新术语，甚至在第二卷的前言中还提出一个不太可信的说法，即整个命名法计划从一开始就是他的主意。这篇前言对燃素理论的核心进行了剖析，（吉东此时写道）燃素理论在 18 世纪 70 年代末和 18 世纪 80 年代初被气体化学的进步思想彻底驳倒之前是有用的。吉东重新出版了一个更新版本的新化学术语表（还将其放进一本标准参考书中），并重申拉瓦锡的观点，即创造出来的是"一种命名方法，而不是一种术语表"。拉瓦锡曾预言，这种方法永远适用于命名新物质，这在当时可能显得有些轻率——但事实上，这种方法沿用至今。

化学革命的两大宣传工具是新的化学命名法和柯万对氧理论发起挑战的法语译本(和反驳)。玛丽在她翻译的柯万作品的前言中，非常满意地称："化学研究变得越来越普遍，由于一位以严谨的实验精神和哲学精神闻名的思想家提出一种只承认公认事实的新理论，化学似乎发展得更快了。"拉瓦锡夫人用这些语言描述自己丈夫的形象，字里行间透露出些许奉承意味，就像大卫曾经给这对日益出名的夫妇所作的肖像画一样。

拉瓦锡和他的同盟者们构建的理论体系的顶点是拉瓦锡的《化学基础论》——这部作品的手稿在大卫所作的肖像画中与其他物件一起呈现。1789年，法国的政治革命刚刚开始。《化学基础论》也在这一年首次出版，巩固了化学革命的成果。

当拉瓦锡还是马萨林学院的学生时，他对令人困惑的科学教学方式的思考首次激发了他对化学的兴趣。他的第一个冲动是改革化学教学方法。在这个过程中，他也从根本上改变了整个化学学科的内容。尽管如此，他的《化学基础论》还是被编写成了一本教科书。

他在前言中对旧的科学教学方法提出了有些抽象的批评：

在一般物理科学中，人们往往作出推测而不是形成结论，这一点就不足为奇了。这些代代相传的推测，由于权威们的支持而具备了远超其本应有的分量，直至最后连天才人物都把它们当作基本真理来接受。

防止这类错误发生，以及纠正发生了的这类错误的唯一方法，就是尽可能充分地限制和简化我们的推理。这完全取决于我们自己……除了事实之外我们什么都不必相信：事实是自然界给我们提供的，不会诓骗我们。我们在一切情况下都应当让我们的推理受到实验的检验，而除了通过实验和观察的自然之路之外，探寻真理别无他途。因此，数学家们通过对资料的单纯整理获得问题的解，通过把他们的推理化为相当简单的步骤，得出十分明显的结论，就是因为他们从来没有忽视引导他们的证据。[1]

这篇文章体现了拉瓦锡对数学精确性的欣赏，对经验证据的重视，以及对传统观念的高度不信任。他继续说："由于完全确信这些真理，我一直强迫自己除了从已知到未知之外，决不任意前进，并将此作为一条定律；除了由观察和实验必然引出的直接结果之外，决不形成任何结论；并且始终整理事实以及由这些事实引出的结论，这样一种秩序最易为开始从事化学研究的人们所完全理解。"这句话看起来很直白，其实也是对孔狄亚克《逻辑学》中一段话的贴切解释，因此也就包含孔狄亚克分析方法的普遍应用。拉瓦锡无疑是希望他的著作对化学初学者有用，他也建议所有化学家都要形成对整个学科的全新观念——一个拉瓦锡在20年前完成自己的化学教育时就已经形成的观念。

"它不是科学史，也不是人类心智史，我们专注的是一部基础性论著：我们的唯一目的应当是自在不拘，清晰明白，并极其谨慎地防止一切可以分散学生注意力的东西进入视野；这是我们要不断提供的一条较为平坦的道路，因此，我们会尽力搬掉能够

---

[1] 本书涉及《化学基础论》的译文均采用任定成译本，见[法]拉瓦锡著，任定成译：《化学基础论》，武汉出版社1993年版。

造成延误的一切障碍。"在这些被移除的障碍中，存在有争议的化学观点和理论。拉瓦锡坦率地承认"我没有考虑那些走在我前面的人的看法，没有考察他人的看法"。如果他所讲的"对科学史以及研究科学史的著作发表冗长的论述"只会让"写出来的书初学者读起来必定极为厌烦"有点诚意不足，那么他对内容进行的删除和保留所起到的精简效果必定很重要。

前言最后引用了孔狄亚克的两段话——这强有力地支持了拉瓦锡对化学的重新定义。第一段"观察"描述了犯错的路径，尽管如拉瓦锡所说，它是"就某门不同的学科所发表的"，但仍是对错误原理如何在化学中扎根的抽象分析——从炼金术时代到拉瓦锡时代，"对于我们想知道的东西，我们不去进行观察，相反却愿意去想象它们。从一个站不住脚的推测到另一个站不住脚的推测，最后我们在一大堆错误中把自己给弄糊涂了。当然，这些成为偏见的错误被当作原理来采纳，我们因此也就愈发糊涂了。我们用来进行推理的方法，同样也是荒谬的；我们滥用我们不理解的词，并且把这叫做推理的艺术"。

为了纠正人们习惯性地以偏见代替原理的做法，孔狄亚克提出解决办法："错误因此而堆积起来时，只有一种疗法能使思维功能恢复到正常状态，那就是忘掉我们所学的一切，追溯我们的思想渊源，沿着思想浮现的秩序前进……重新构造人类理解的框架。"这是一份关于化学革命之激进计划的坦率声明，拉瓦锡想要消除自己之前积累的所有错误概念，从零开始重新定义科学。

要使基于观察的新观点清晰明了，就必须使用一种新的阐明性语言来表达。拉瓦锡引用孔狄亚克的话作为结束语，对语言、思想和科学方法的共生关系做了另外一种描述："不过，科学终究还是取得了进步，因为哲学家们已较为注意致力于进行观察，已沟通了他们在其观察中所使用的精确的语言。在纠正他们的语言的过程中，他们也就能更好地进行推理。"

《化学基础论》的内容并不是特别新，而是有组织地重复和重申拉瓦锡之前完成的工作和之前宣布的理论。第三部分也就是结尾的内容主要是技术性的——描述在新化学理论基础上进行重复实验的具体方法。在这部分里，玛丽精心绘制了 13 幅拉瓦锡实验室仪器的插画——直观地证明了拉瓦锡的化学是当时最新的、最先进的科学。

与此同时，《化学基础论》的开篇部分重复了过去十年中在气体化学方面取得的开创性成就——包括氧的发现、水的组成以及拉瓦锡基于氧气的燃烧理论。本节还包括许多氧化物和酸的成分分析。在关于"论酒发酵"的一章中，拉瓦锡（显然是不经意间）首次在科学史上完整阐述了物质守恒原理，这一原理支配着他整个的实验方法："我们可以将此作为一个无可争辩的公理确定下来，即在一切人工操作和自然造化之中皆无物产生；实验前后存在着等量的物质；元素的质和量仍然完全相同，除了这些元素在化合中的变化和变更之外什么事情都不发生。实施化学实验的全部技术都依赖于这个原理。"

在拉瓦锡之前，化学的中心工作一直是定义物质构成的主要元素。拉瓦锡强调"这些元素在化合中的变化和变更"，将重点转移到化学反应上。此后，物质所有的构成都将建立在化学合成的基础上。

自 18 世纪 70 年代早期起，拉瓦锡就一直致力于建立全面的元素理论。但他的《化学基础论》一开始对这个主题几乎不屑一顾：

> 在我看来，关于元素的数目和性质所能说的一切，全都限于一种形而上学性质的讨论。这个主题仅仅给我们提供了含糊的问题，我们可以用一千种不同的方式解决这些问题，而很可能又没有一种解答与自然相一致。因此，关于这个主题我要补充的只是，如果我们所说的元素这个术语所表达的是组成物质的简单的不可分的原子的话，那么我们对它们可能一无所知；但是，如果我们用元素或者物体的要素这一术语来表达分析所能达到的终点这一观念，那么我们就必须承认，我们用任何手段分解物体所得到的物质都是元素。这并不是说，我们有资格断言，那些我们认为是简单的物质，不可能是两种要素甚或更多要素结合而成，而是说，由于不能把这些要素分离开来，或者更确切地说，由于我们迄今尚未发现分离它们的手段，它们对于我们来说就相当于简单物质，而且在实验和观察证实它们处于结合状态之前，我们决不应当设想它们处于结合状态。

在《化学基础论》的前言中，这一明显谨慎的段落充当了讨论新的化学命名法的桥梁，拉瓦锡在书的第二部分重申化学命名法（就像吉东·德·莫尔沃在《方法论百科全书》第二卷的前言所介绍的那样）。拉瓦锡的第二部分里采用了一系列表格，表格上对应列出物质在新命名法中的名称与其在旧化学词典中的名称。拉瓦锡的"简单物质表"（除了"光"和"热"这两个明显的例外）中提出的元素在现代元素周期表中大多被保留下来。经过重新排列、变化和精炼，亚里士多德的四元素论现在已经成为历史。

1789 年，拉瓦锡出版了《化学基础论》。同年，吉东·德·莫尔沃出版了新版的《方法论百科全书》，在这本书中，吉东放弃燃素论，肯定新化学。这一年，富克鲁瓦出版了《自然历史和化学的元素》(*Éléméns d'histoire naturelle et de chimie*)的新版本，新的命名法也在这一年出版。一年后，沙普塔尔的《化学元素》(*Elemens de chimie*)再次肯定命名能够明确物质的化学成分的优点(在进一步的澄清中，他将不一致的名称"azote"改为"氮气")。《化学年鉴》的创立意味着这些作品受到大众认可。越来越多的科学界人士开始放弃燃素论，投身化学革命。

拉瓦锡对"革命"的观念并不是用充满愤怒和有力的言辞表达的。促成他"迅速而必要的革命"的是"通过一种精致的语言，可以掌握自然和连续的思想秩序"。尽管其含义很激进，但这一革命的前景因它的秩序与沉着而非比寻常。在他1773年著名的笔记中，拉瓦锡对科学革命的热情远远高于他在1789年所表现出来的。实际上，在1789年他发起的化学革命才达到了建立一个新的、不容置疑的秩序。

如拉瓦锡所见，革命具有行星绕太阳公转般的庄严和必然性。他没有看见巴黎的大街上血流成河的景象。一种秩序取代另一种秩序，对他来说就已经是一种革命。他没有预见到法国会出现无政府状态。

他准备了四本红皮封面的《化学基础论》，专门送给普罗旺斯(Provence)伯爵、阿图瓦(Artois)伯爵和法国国王及王后。尽管拉瓦锡非常重视，担心这本书的外观不够优雅，但这些都只是仪式上的需要。想要让法国新化学得到承认，向本杰明·富兰克林介绍新化学这一步（富兰克林对化学命名法不太感兴趣）更为重要。

1790 年 2 月，拉瓦锡给远在美国的富兰克林寄去两本《化学基础论》，并附一封极具启示意义的信：

> 先生和最杰出的同事：
>
> 　　即将返回美国的德·库伦斯·德·科蒙（de Coullens de Caumont）先生特地带了两本我一年前出版的书，书名是《化学基础论》，我请求您收下其中一本，并附上我最真诚的祝愿，另一本请交给费城的协会。在自施塔尔以来出版的所有化学论著中，作者们都以一个假说开始，并试图表明根据这个既定的原理，人们能清楚解释所有的化学现象。
>
> 　　我与大量的学者都认为，施塔尔提出的假设是错误的，施塔尔所理解的燃素并不存在。我承接这项工作，主要是为了进一步研究这一问题，因此我荣幸地将研究成果寄给您。
>
> 　　如该书序言所示，我试图通过协调各种事实寻求真理，尽可能地抑制理论化倾向，因为理论化常常是一种错误的工具，它常常使我们偏离观察和实验的方向。

在这里，拉瓦锡对方法的阐述比他在《化学基础论》一书中所做的还要清楚和简洁。他不仅计划修改或取代化学的内容，还想彻底改变这门学科的思考方向——不再从假设到现象，而是从"观察和实验"到已被证实的结论。

> 　　迄今为止，化学还没有沿着这个方向发展过，它使我有

机会以一种全新的方式对我的工作进行分类，化学比以前更接近实验物理学。我真诚地希望，在您有空闲时间且身体尚佳的情况下，尽可能地阅读本书的第一章。我真诚地希望获得您和那些在这类问题上没有偏见的欧洲学者们的赞同，这是我热切追求的目标。

在我看来，把化学以这种形式呈现出来，似乎会使研究工作比过去容易得多。那些头脑中没有其他体系的年轻人很容易接受它，但老一辈的化学家仍然不认可，大多数老一辈的科学家甚至比没有学过化学的人更难理解新化学。

拉瓦锡确实完成了他的教学任务，在化学中开辟了一个方向，其合理、易懂的体系吸引了那些与拉瓦锡学生时代想法一样的人。这一成就（如拉瓦锡不断强调的那样）有力地保证了新化学将为新一代的年轻科学家所完全采纳。尽管如此，获得国际科学名人对新理论的认可这一政治问题仍然是拉瓦锡所担心的。正是由于这一点，富兰克林的赞同有很重的分量。

法国学者目前分为新旧两派。与我一样支持新化学的有莫尔沃先生、贝托莱先生、富克鲁瓦先生、拉普朗什先生、蒙热先生，还有科学院的全体物理学家。伦敦和英国的学者也逐渐放弃施塔尔学说，但德国化学家仍在坚持。这就是自您离开欧洲后，人类知识的一个重要分支所发生的革命。我也认为这场革命是进步的，如果您和我们站在一起，它将会变得完整。

　　这些经过精心设计的言语及类比修辞，能吸引同时身为科学家和政治家的富兰克林——要知道，富兰克林是美国革命的重要人物（没有人比法国人更了解这一点）。拉瓦锡呼吁富兰克林的支持是建立在一个非常稳定、合理的基础上的，然后拉瓦锡话锋一转：

　　　　既然你已经知道化学领域发生了什么，我们不妨谈谈政治革命。我们认为它已经完成了，而且是势不可挡地完成了。

　　就化学革命而言，拉瓦锡的乐观是有道理的。在这件事上，从他的时代到现代，科学家们一直同意他的意见。但他认为法国大革命已经结束，是一个非常严重的误判，这个误判最终让他付出了生命的代价。

第五章 法国大革命
元年的结束

The Chemical Revolution

　　距巴士底狱被攻陷约一个月后，每年一次的"巴黎沙龙"（Salon de Peinture）的主管要求拉瓦锡撤掉大卫不久前为他和夫人精心绘制的肖像画，那幅画最近才参展。现在，沙龙的管理层担心，这幅画——画于拉瓦锡夫妇事业和社会地位鼎盛时期——可能会从情绪越来越不稳定的公众中引来非议。

　　画展中取代这幅画的是大卫另一幅描绘帕里斯和海伦①的作品——有着标准无害的新古典主义主题。在恐怖统治期间，玛丽虽然失去了大部分财产，但仍然保留着她和拉瓦锡的这幅肖像画，并最终将其传给了侄孙女。1924 年，她的侄孙女把这幅画卖给了约翰·D. 洛克菲勒（John D. Rockefeller）。

　　1789 年，拉瓦锡出版的《化学基础论》巩固了化学革命，但在其他方面，这一年的春夏时节，拉瓦锡过得有点艰难。那副高调宣扬拉瓦锡化学革命胜利的肖像画的撤除，仅是拉瓦锡夫妇失去声望的征兆之一。当时密切参与税收和法国国家财政相关事务的

————————

　　① 《帕里斯和海伦之爱》（*The Loves of Paris and Helen*）是法国艺术家雅克-路易·大卫的一幅油画作品，创作于 1788 年，描绘的是荷马史诗《伊利亚特》中的海伦和帕里斯，现藏于巴黎卢浮宫。

拉瓦锡，尽管可能误判了情势变化的方向和力度，但显然已清楚地意识到风向变了。

1789 年 3 月，拉瓦锡参加维勒弗朗克尔教区的第三等级①代表选举。法国的第三等级属于政治集团，其成员既不属于贵族，也不属于神职人员。在这个地区，拉瓦锡拥有巨额财产。为了解决法国日益严重的饥荒问题，拉瓦锡用几年时间在自己位于弗雷钦的庄园里进行了农业改革试验——这对周边大片地区都有好处，因此，他相信自己在这一地区很受欢迎。此外，为立即缓解粮食短缺问题，他当时还向罗莫朗坦（Romorantin）和布卢瓦（Blois）的城镇发放了大量无息贷款。尽管这些行动本质上是慈善家的行为，但他宣布参选时的宣言多少带有类似民粹主义的辞令，这种辞令后来在法国大革命中盛行一时。他承诺，自己将"放弃选民不能享有的所有的财政豁免"，并宣布"从现在起，我们之间将不再有财政上的区别，我们将成为朋友和兄弟"。这种说法有点虚伪，无论拉瓦锡放弃什么豁免权，他仍是个大富豪，仍是弗雷钦大庄园的主人。

在 3 月 9 日布卢瓦的选举中，拉瓦锡的对手以意想不到的力度抨击他，称他是贵族，是包税总会成员。前一项指控有些讽刺，称拉瓦锡为贵族，比拉瓦锡把自己重新定位为普通选民更没说服力，他真正所处的社会阶层是上层中产阶级。拉瓦锡的父亲在拉瓦锡结婚时为他买的爵位——"国王秘书"——并不牢靠，拥有这些爵位的人在世袭贵族中并没有真正的立足之地，也寻求不

---

① 第三等级（Third Estate），通常指法国 18 世纪资产阶级革命前有纳税义务的阶层，与占有大量土地、不纳税、享有封建特权的第一等级（神职人员）和第二等级（贵族）相对立。

到任何贵族的帮助和庇护。拉瓦锡与特吕代纳·德·蒙蒂尼和吉东·德·莫尔沃等科学同行不同，他没有在自己的名字上加上象征贵族的"德"（de），尽管他绝不是无产阶级，但他真心想要改革法国君主制宪政制度。

尽管如此，这次恶意的攻击还是成功了。他的一个对手煽动性之强，以至于拉瓦锡表示，如果不是因为自己"极其谨慎"，他都不知道"人们会对他做出什么过分举动"。布卢瓦集会上所发生的暴力事件只是拉瓦锡那一年所遭遇的困境之一。

之后，拉瓦锡想争取该地区贵族代表的席位，但布卢瓦的贵族们对他参与包税总会的事务感到不安。当时正接近完工的巴黎关税围墙，也许是包税总会实施的最不受欢迎的项目。在选举中，拉瓦锡同时受到贵族和第三等级的冷遇，这清楚地表明他包税总会成员和贵族的身份正受到人们质疑。尽管如此，接下来两年多的时间里，他还是没有辞去包税总会的职务。

虽然贵族们拒绝拉瓦锡作为候选人，但还是邀请他作为秘书为布卢瓦的贵族服务。在这个岗位上，拉瓦锡起草了一份关于最佳法国宪法的说明。虽然他所记录的是一个集体的综合意见，但文件中有些内容还是带有明显的拉瓦锡风格。新宪法必须首先保障人身财产安全，同时将神圣的自由人权扩大到所有人。在法国境内取消所有关税这点表明，拉瓦锡此时已充分认识到要与包税总会以往的做法有所区别，这才是明智之举。这部宪法建议所有税收实现平等，改革司法、农业和金融体系；最后总结道，如果没有制定和实施一部宪法，三级会议（选举代表机构）不得休会。

剩下的事情，都是老生常谈的历史。5月5日，路易十六在凡尔赛宫召开三级会议。经过约6周的激烈辩论，第三等级宣布自立为法国国民议会，并要求其他两个阶层即贵族和神职人员也都加入。国王的反应则是关闭了凡尔赛宫的会议厅，第三等级的代表们临时在巴黎杜伊勒里宫花园里的一个网球场（Jeu de Paume）重新聚集。6月20日，代表们在那里宣誓，在没有宪法批准的情况下，他们的机构不会解散。7天后，至少在名义和形式上，国王屈服了，并下令要求贵族和神职人员参加新的国民议会。

与此同时，出于自身安全考虑，王室政府增加了巴黎城外雇佣兵的数量。城墙内蔓延着由食品短缺和军队调动引起的紧张气氛，人们的情绪变得更加不稳定。7月12日，王室军队指挥官贝尔纳-乔丹·德·劳奈（Bernard-Jordan de Launay）下令将库存的火药从军火库转移至附近的巴士底狱，在他的计划中，巴士底狱将是一个防御点，以防民众失控。事实上，示威者们很受民众欢迎，已经从驻守在荣军院（Hôtel de Invalides）和布雷顿维利耶酒店（Hôtel de Bretonvilliers）（包税总会的总部）未作抵抗的军队手中缴获了数千支枪。其他王室指挥官计划带着部队进入巴黎。

冲突一触即发，拉瓦锡在不断扩大的政治分歧中态度不明。拉瓦锡的实验室还在军火库，由于他担任火药和硝石管理局要职，拉瓦锡分担了将火药运到巴士底狱的责任。7月13日，第三等级代表宣称控制了政府，并任命拉瓦锡为该地区的秩序维持委员。同一天，民众开始拆除包税总会在巴黎周围修筑的关税围墙。

7月14日这一天，拉瓦锡大部分时间都待在现将总部设在巴黎市政厅的国民议会，试图证明将火药运往巴士底狱具有合理性，同时还向代表们保证，当事态发展到某种地步时，这些火药将用来维护公众的利益。当他还在争辩时，这个假设就变得毫无意义，巴士底狱的114名驻军劝说德·劳奈放弃了炸毁火药库的想法，并向外面成千上万的武装群众投降。总共有7名囚犯被释放。

7月17日，路易十六从凡尔赛抵达巴黎，在巴黎市政厅的选民代表面前，将新的革命徽章别在帽子上——标志着他承认所谓的国民制宪议会的权力。这是值得庆祝的时刻，但整个国家仍处于极不稳定的状态。农村地区到处都在发生农民暴动，巴黎城区激愤的民众纷纷涌上街头，极大程度地威胁着人身财产安全。

拉瓦锡明智地没有参与摧毁巴黎关税围墙的计划，现在他又被任命为拆除巴士底狱的名义负责人。这时，他对秩序的尊重，他在本质上的保守主义，以及他的良好判断力都发挥了作用。7月14日，民众便开始捣毁这座堡垒，但这项工作的工程量太大、难度太高，不可能一蹴而就。7月27日，拉瓦锡筹集了超过35 000里弗尔的捐款(巧妙地分配到他的各种收入来源中，包括火药和硝石管理局、贴现银行和包税总会)支付给承包商，以便用一种更有序、更安全的方式拆迁巴士底狱。7月底还在讨论拆除这座建筑的各种技术问题。当工人们用鹤嘴锄拆掉巴士底狱时，这些讨论同样变得毫无意义。

8月6日，拉瓦锡在巴士底狱的工地上与承包商就拆迁的费用争论不休。这时，"叛徒的火药"事件爆发——这一事件实际发生在一艘即将卸货的船上，这艘船正把受人怀疑的火药运往埃松省。在这种情况下，拉瓦锡侥幸逃脱了非理性的处决，虽然他有着极强的在危机中保持冷静的能力，但对这一事件也感到震惊。

拉瓦锡给科学院和国民制宪议会地方委员会宣读了一份自我辩护声明，以洗清这些误解给他的声誉带来的污点。然而，两周后他被要求从巴黎沙龙撤下自己的肖像画，可见他的澄清没有多大的效果。

1789 年，拉瓦锡仍具有相当大的政治影响力，尽管他在幕后的影响力大于台前。他在火药和硝石管理局、贴现银行，甚至是包税总会都有职位，在政府的许多方面都具有影响力。受杜尔哥等重农主义者影响，拉瓦锡在这些领域扮演着改革者的角色。他相信改进方法能促进政府向好的方向发展，他与同时代的启蒙运动者一样，都相信将理性实证主义应用于经济和政治层面可能会取得成功。

经过 1789 年夏天的动荡，法国的局势似乎重新恢复了稳定。理性似乎在 8 月 28 日的《人权宣言》中得到了重申。拉瓦锡肯定会批准通过这个宣言，因为这与他在那个春天为布卢瓦的贵族起草的那份说明中的许多条款是一致的，并且基本上是模仿美国 1776 年的《独立宣言》而成。在大西洋彼岸，美国宪法以一种合理而庄重的方式在不断完善。1789 年 9 月，美国国会投票通过了构成《权利法案》的前十项宪法修正案。拉瓦锡与其他温和派一样，期待着法国国民制宪议会采取类似做法，建立一种在某些程度上与英国类似的君主立宪制，一种在表述乃至实践上都更为自由的制度。

这种期望没有考虑到法国大革命和美国独立战争具有本质区别，这两场革命的爆发时间非常近，确实难以分辨。美国独立战争开始于抗税运动，最终以殖民地与殖民政权分离结束。尽管美国独立战争声称人人都有"生命、自由和追求幸福的权利",但其在扩展公民政治权利方面最开始是非常有限的,并且(就像法国激进分子很快开始抨击的那样)将大部分政府权力留在了依赖奴隶劳动的弗吉尼亚大地主手中。此外,美国独立战争并没有太破坏殖民社会的结构。

相比之下,法国大革命是一场真正的阶级起义,爆发在国家中心而非边缘的殖民地区。一开始,它在某些方面也做出了妥协——例如法国经济非常依赖加勒比(Caribbean)殖民地,特别是富裕的圣多明戈(Saint Domingue)地区的奴隶制。随着国内经济在法国边境日益混乱和多场对外战争的压力下逐渐崩溃,殖民地成为唯一可以依赖的收入来源。然而,法国大革命总有激进派,他们不做任何妥协,决心不顾任何经济或其他后果,最大限度地遵循解放思想的原则。当激进分子掌权时,旧法国社会的方方面面都将被连根拔起。

拉瓦锡和他的大多数温和派同僚一样,没有及时意识到这一重要区别。1789 年 10 月初还发生了另一起冲突。当时,由面粉长期短缺引发的食品暴动在巴黎已是司空见惯。10 月 5 日,拉瓦锡夫人玛丽遇到其中一起食品暴动,她(玛丽此时依然是一个热衷于步行的人)的马车被一群愤怒的女人拦住,这群女人的行为比男人还要过激。玛丽被迫走下马车,走在这群危险的织女①中间,直到她们厌烦了折磨她,才放她前去参加拉瓦锡和美国人古弗尼尔·莫里斯在军火库公寓计划好的午宴。事实上,这些织女

---

① 织女(tricoteuses),通常特指法国大革命期间在断头台下面一边看处决,一边织毛衣的女性。

有更大的猎物：她们正在前往凡尔赛的路上，准备捕捉"面包师、面包师的妻子和面包师的儿子"——这是她们对王室成员的讽刺语。10月6日，法国国王、王后和王子在受尽凌辱后，被押回巴黎，关进杜伊勒里宫。国民议会也在毗邻的大厅里开设了办事机构。这一事件之后，拉瓦锡开始尽其所能地远离政治。尽管他在贴现银行还活跃了好几年，但他同时也发现自己很难与因对军火的持续担忧而引发的丑闻撇清关系。

敌视法国大革命的英国评论家埃德蒙·伯克（Edmund Burke）曾这样描述法国大革命："狂暴的气体，固定空气，显然挣脱了束缚——但是，我们应当等最初的泡沫稍稍消退，等酒再清澈一些，等我们看到动荡不安的表面骚动下更深层的东西，再做评判。"伯克用这些话来攻击拉瓦锡的老对手——革命同情者普里斯特利。拉瓦锡可能喜欢这个类比，并赞同晚一点评判的观点，他渴望革命的"泡沫"消退。

1790年2月2日，拉瓦锡写信给本杰明·富兰克林，表示自己相信革命已经平息："我们认为（政治革命）是彻底的、不可逆转的；贵族政党徒劳无功，明显更为弱小。另一方面，民主政党人数最多，而且得到教育界、哲学界和启蒙主义者的支持。温和派以及在这种普遍狂热中保持冷静的人，认为革命形势已经把我们带得太远了，不得不武装全体公民，这很不好；把武力交到那些应该服从的人手中是极不明智的；我们担心新宪法的制定将给那些受益于它的人造成障碍。"

在描述他认为的温和立场时，拉瓦锡流露出对旧制度的怀念。在声明法国大革命已经过了不可逆转的临界点时，他显然也希望革命的某些元素能够被逆转。毫无疑问，许多温和派人士与他一样，对民粹主义可能达到的极端性十分紧张且不信任。无疑，他对富兰克林说的这句伤感的话是绝对真诚的："此时此刻，我们对你离开法国感到非常遗憾。您本可以做我们的指导，为我们划定不能越过的界限。"

字里行间，我们可以看出，拉瓦锡虽然非常希望法国大革命就此结束，但他的眼力十分敏锐，强烈预感到将来会发生更多更糟糕的事。然而，从他 1790—1793 年的行事轨迹来看，那种一厢情愿的想法似乎削弱了他的洞察力。拉瓦锡一直走在化学革命的前沿，但在政治革命上，却落在了后面。

拉瓦锡的科学宿敌马拉曾于 1789 年 9 月出版了第一期《人民之友》。马拉发现了真实的"火质"——以煽动性的新闻报道的形式。在马拉生命的最后几年中，他致力于煽动激进的左派，但总还是有些时间对付自己的旧敌。拉瓦锡揭露他是个科学骗子，马拉则以谴责拉瓦锡为"骗子首领"作为反击。到 1791 年，旧政权已经彻底倒台，仅通过复述拉瓦锡的履历："包税总会的包税官，火药和硝石管理局局长，贴现银行董事，科学院院士，国王秘书……"，马拉就能将拉瓦锡置于一种非常危险的境地。

曾指责国家科学院为专制机构的雅克-皮埃尔·布里索，曾被拉瓦锡对催眠邪教的揭露所刺痛，他在《法兰西爱国者报》(Le patriote Français) 上发表一篇文章，加入声讨拉瓦锡的队伍："包税总会包税官和科学院院士是专制统治嘉奖他的两个头衔，更糟糕的是，他还是巴黎关税围墙计划的起草者。参加布卢瓦竞选时，他被人群的抗议声搞得哑口无言，获得的选票都是通过慈善捐款得来的。拉瓦锡竟然成了一名化学家，如果仅追随自己对黄金无法抑制的渴望，他本可以成为一名炼金术士。"

拉瓦锡没有理会这些攻击。他认识到，沉默也许是维持尊严最好的手段。不久前，由于误判，他在《箴言报》上刊登公开信，声称本着手足之情与平等精神，将减少自己除火药和硝石管理局以外的五个职位的薪水。这样别扭的手法与他曾试图在税法下与维勒弗朗克尔的选民实现"平等"的做法很相似，但效果甚微。震耳欲聋的回击立即从极左立场的《使徒行传》(*Les actes des apôtres*)杂志上以讽刺诗的形式传出：

> 慷慨的拉瓦锡，
> 我承认，你可怜的信几乎让我流泪。
> 你向我们展示你的英勇行为，
> 一下子征服了所有人的心。
> 这是一个有关节制的多么绝妙的例子啊！
> 上帝知道，你会满足于自己挣到的 10 万埃居①的收入！
> 那么，对于你们的国家，不要浪费时间，这个榜样诱惑着我。
> 啊！唉，我怎么办不到呢？！怎么就做不到这些呢？！

布里索在《法兰西爱国者报》上揭示了一个并非完全不合理的观点：如果不给予重要的公共职位以经济补偿，那么只有富人才

---

① 埃居(ecu)，法国一种近代货币名称。1795 年，法国大革命后的政府彻底改革法国货币体系，发行含银 4.50 克的法国法郎，约等于 1 里弗尔。同时规定 5 法国法郎的银币称为埃居，一直到 1878 年。

能负担得起这些职位。与此同时，官方对拉瓦锡这番话的回应也
不热烈。为了保障军火库里实验室及其住所的安全，拉瓦锡最想
保住火药和硝石管理局的职位。他坦诚地写信给负责这一块的大
臣路易·阿杜安·塔尔贝（Louis Hardouin Tarbé）强调："我在那里
自食其力，创立事业，在实验室、与科学相关的会议厅和仪器上
都花了不少钱。"最后，拉瓦锡同意放弃火药和硝石管理局的职
位，因为塔尔贝答应拉瓦锡继续保有军火库实验室。拉瓦锡的地
位变得愈加岌岌可危。

马拉患有湿疹，需要长时间的浸泡来缓解症状，因此习惯躺
在有盖的浴盆里见客。1793 年 7 月 13 日，他接待了一位名叫夏
洛特·科黛（Charlotte Corday）的陌生年轻女子，科黛刺死马拉后
逃之夭夭①。画家大卫在一幅与拉瓦锡夫妇肖像画风格和观感截
然不同的作品中描绘了这一死亡场景——像照片一样真实得令人
不快。马拉包着头巾，歪倒在棺材般的浴缸里，皮肤因病或失血
而发黄，一只胳膊低垂下来，手里还握着羽毛笔，胸上的伤口已
成了一道没有血色的褶皱。这幅毫不讨喜的无情画像成为大卫最
令人印象深刻的作品，最终也化作了马拉死亡事件的代表性
符号。

拉瓦锡并没有因敌人的死而感到解脱。无论从哪个方面来
说，被暗杀的马拉都被雅各宾派奉为圣人，他曾是这个团体的主
要领导人，而现在雅各宾派在国民政府中逐渐占据优势地位。作
为国民自卫军的一员，拉瓦锡被要求参加一场纪念马拉遗体的阅

---

　　①　此处作者有误，科黛刺杀马拉后并未逃走。

兵式。为了这一场合，大卫还为马拉的遗体穿上了罗马服饰。几个月后，他又一次被迫出席 10 月 15 日揭幕的马拉半身像的致敬仪式。不知怎的，死亡让马拉变得更加强大，仿佛从他那躯体中释放出的凶猛的精神，现在正支配着这个国家的统治者。

马拉遇刺的前奏是法国国民公会上一场新的革命动荡。这个机构于 1792 年 9 月 20 日取代立法议会，在过去的两年中分为两个派别：激进的山岳派①和较为温和的吉伦特派。1793 年 6 月初，由马拉本人、乔治·丹东（Georges Danton），尤其是马克西米利安·罗伯斯庇尔领导的山岳派成功地清洗了国民公会中的吉伦特派，一些人侥幸逃走。6 月底，国民公会通过法国大革命的宪法，将权力全部移交给立法机关及其执行委员会，特别是此时由罗伯斯庇尔掌管的臭名昭著的公共安全委员会。

虽然夏洛特·科黛的杀人动机不明，但新成立的雅各宾政权认为马拉的死是中间派和右翼人士所为。吉约坦医生提议的断头台已经安装在革命广场，7 月 17 日，夏洛特·科黛在那里被处死，距离她杀死马拉仅仅 4 天。随后的审判将会更加迅速。为镇压任何进一步的反动活动，巩固自己的地位，威慑境外势力及其在法国的内应，雅各宾派于 1793 年 8 月 30 日开启了恐怖统治。9 月 17 日，随着《嫌疑犯法令》（Law of Suspects）的通过，恐怖统治成为官方行为。

---

① 山岳派（Montagnards）是法国大革命时期国民公会一个激进派议员集团。雅各宾派代表人物罗伯斯庇尔及其追随者因在议会大厅中就座于最左侧最高处位置的习惯，被人们称为"山岳派"。

　　路易十六自 1789 年 10 月被革命者强令迁入巴黎以来，权力逐渐被架空，家族的处境也变得越来越艰难。1792 年 9 月之前，君主立宪制在名义上是存在的，或者至少还在建立过程中，但国王越来越无法通过法令和否决权来控制局势，还被彻底扭转革命的可能性所诱惑。1791 年 6 月，国王试图带家人逃出法国，投靠支持他的欧洲君主，但他在瓦雷讷（Varennes）被捕，又被押送回巴黎。7 月 17 日，在庆祝攻陷巴士底狱两周年的活动上，要求废除君主立宪制、支持共和制的压力达到顶点。拉法耶特（Lafayette）侯爵虽然因在美国独立战争中的表现而备受爱戴，但他比大多数法国人更保守。当马尔斯校场的公共仪式受到干扰时，他命令国民自卫军向骚乱的人群开火。

　　这些事件使左派有理由担心，由于法国国内外保皇党势力的行动，革命可能真的会被镇压。尽管如此，1791 年 9 月，宪法还是得以颁布，路易十六恢复了宪法规定的有限权力。但是国王和立法机关的关系很快就破裂了。1792 年 6 月初，国王解除了雅各宾派立法委员的职务，拉法耶特侯爵支持这一行动。巴黎民众闯入杜伊勒里宫，迫使国王戴上红色的自由帽向法国人民敬酒。罗伯斯庇尔受此鼓动，在雅各宾派的一次会议上公开要求国王退位。8 月 10 日，杜伊勒里宫被一群声称要推翻君主制的人洗劫。国王和他的家人成了国家的囚犯。9 月 21 日，君主制被废除，法兰西共和国宣告成立。

　　路易十六于 1793 年 1 月 21 日被送上断头台。1792 年春天以来，法国一直与奥地利和普鲁士交战（王后玛丽-安托瓦内特是奥地利皇室的一员）。1793 年 2 月，法国对英国和荷兰宣战；3 月，西班牙也被列入法国的宣战名单。由于对战时的新征兵制不满，布列塔尼（Brittany）和旺代（Vendée）的保皇派发动叛乱。3月10日，国民公会设立革命法庭，用来审判共和国的敌人。4月6日，公共安全委员会使革命法庭的职能进一步扩大。公共安全委员会被国民公会赋予一项明确的任务，即震慑法国的敌人。马拉之死是使天平完全倒向恐怖主义的最后一根稻草。

短短几周内，这种恐怖主义就演变成一种癌症，开始攻击它本应保护的身体。最后，就连罗伯斯庇尔也因恐怖统治而死。与此同时，拉瓦锡和大多数资产阶级一样，尽其所能地避免被这个暴戾的国家机器卷入。他希望自己作为科学家的地位和在科学领域的卓越才干所能为共和国提供的物质价值能够使他免受指责，这种指责可能源于他在金融领域和火药和硝石管理局的活跃，以及最危险的包税官身份。但是拉瓦锡所想的可以寻求庇护的知识分子团体和机构已经分崩离析。

在职业生涯的一开始，拉瓦锡就把法国科学院尊为"小共和国"——法国内部的微型王国，保护对知识、科学和艺术的追求免受外界的压力。而在国王统治时期，像马拉和布里索（作为吉伦特派的领袖，他曾有过辉煌，也有过衰落）等人就反对说，法国科学院本质上是精英主义的，甚至是一个专制机构。1793年8月，后一种观点取得了胜利。画家大卫是绘画和雕塑学院最杰出的成员，他带头发起对学院的指控，在国民公会发表演讲时，他流露出一种含蓄的自我批评的激情，这可能会让大卫的密友罗伯斯庇尔高兴："永远关闭这些充斥着奉承和奴性的学院……说到一所学院，就等于说到所有的学院。他们所有人身上都有同样的精神，并且都是同样的人……以人道的名义，以正义的名义，最重要的是以你们对青春的热爱，让我们破坏——让我们摧毁——
这些乏味的学府，在一个自由的政权下它们根本不应存在。虽然
我是院士，但我已尽了我的职责。"

在同一场合，阿贝·格雷瓜尔（Abbe Gregoire）对科学院的批
评则更有分寸，他尤其主张保留科学院，认为科学院能以新的度
量衡体系等项目继续为国家服务。在发言中，格雷瓜尔强调了约
翰内斯·开普勒（Johannes Kepler）的天文学成就，"牛顿以其天才
带给我们的大量知识"，以及最后的"化学领域最崇高的研究"。
他这番慷慨陈词没起到什么效果。科学院最终同其他机构一起被
废除，格雷瓜尔沮丧地预测，人们将会迎来一个以"迫害学者"为
特色的"悲哀的未来"。

但是这些学者——或者说他们中的一些人——自己制造了恐
怖统治。虽然法国大革命有过真正的无政府状态，但恐怖统治不
属于无政府状态。相反，它是一种秩序的力量，尽管这不是拉瓦
锡所认可的秩序。其结果的无意义性是它自身逻辑延伸到极致的
产物。最重要的是，这种恐怖统治是合乎逻辑的。

21世纪的评论家查尔斯·默里（Charles Murray）甚至认为，这
一切都应归咎于牛顿，或者更确切地说，应该归咎于18世纪末
对所有事物进行彻底"牛顿化"的思潮。"理性是新的信仰，它的
第一个政治产物是法国大革命后建立的扭曲的雅各宾共和国。"假
设所有的现象（包括人类行为）就像物理和化学中物质的变化一
样，最终都必须屈从于理性，这被证明是一种政治上的鲁莽。默
里指出："牛顿的崇拜者们认为掌握了物质运动的规律，就能掌
握人类活动的规律。人类可以通过运用科学理性来设计新的人类

机构，从而从零开始，创造世界。"

随着启蒙运动逐渐陷入黑暗的恐怖统治，许多与之相关的文化思潮也支持这一观点。本杰明·富兰克林等人支持的基督教理性神论认为，整个宇宙是一个巨大的机器，最初由上帝创造，但有人类有能力维护甚至升级这个机器。拉瓦锡所推崇的孔狄亚克的《逻辑学》则暗示思想、语言和写作的协同作用延伸到了行动领域。如果说化学可以遵循代数规则，那为什么政治不能呢？当然，拉瓦锡不会让政治的理性化走得如此之远。和其他大多数处境艰难的温和派一样，他更倾向于在某个地方停下来，用一种更仁慈、更人道的政治观点（用默里的话说）来"处理棘手的、有问题的人性"。

孔多塞也是温和派，作为吉伦特派被驱逐出立法机关，然后在1793年10月被缺席审判并定罪。他的罪行从本质上说，就是预见并抗议了6月通过的《1793年宪法》所造成的最严重后果，雅各宾派专政正是基于这部宪法建立的。结合孔多塞当时的处境（要躲避以前的同事——当时的国家恐怖分子），他在《人类精神进步史表纲要》中流露出来的强烈的乐观语气看起来非常诡异，与他后来被人认出并遭逮捕的事实背道而驰。

然而，孔多塞仍然相信，思想、言论和修辞的相互协同能够准确无误地转化为行动，甚至是政治行动。尽管如此，他（与罗伯斯庇尔和其他公共安全委员会成员）仍然相信"人类的真正完美"。在著作结尾，他问了一个在他看来显然无须怀疑的问题："自然科学领域唯一的信仰基础是——指导宇宙现象的一般规律，无论已知的还是未知的，都是必要且恒定的。这一原则对人类智力和道德能力的发展怎么可能不如对自然的其他活动有效呢？"

物理、化学的物质进步（一度是燃素论追随者的孔多塞，此时已经认识到新化学的优越性，并在前文所述的《人类精神进步史表纲要》中描述了这种优越性）必然意味着所有人类事务，甚至在政治领域都有类似的进步。在死于监狱中前不久，孔多塞曾愉快地预言："因此，总有一天，太阳只会照耀那些只以理性为主宰的自由人；当暴君、奴隶、牧师和他们愚蠢或虚伪的工具只存在于历史作品或舞台上时，当我们想到他们只会同情他们的受害者和被其愚弄的人时，我们通过思考他们的暴行保持警惕；学会用理性的力量去认识和摧毁处于萌芽状态的暴政和迷信，如果它们胆敢在我们中间重现的话。"当然，当孔多塞完成他的专著时，这种警惕状态本身已经演变成了暴政。

在他写作时，神职已经成为历史。1789 年底，国家没收了天主教会的所有财产（拉瓦锡也许有些不明智，他在维莱科特雷地区自己祖居的村庄买下了相当多的教会用地）。1790 年，所有的修道院和大多数宗教秩序都被废除。1793 年 10 月，人们开始采用新的大革命历法——使时间计量合理化，并将历法从基督教日历中分离出来，与他们的庆日、忏悔日和圣徒日的周期相脱离。罗伯斯庇尔像其他清教徒一样需要一个表达虔诚的渠道，因此在牧月① 20 日组织了"理性节"。

这个节日在昔日的巴黎圣母院大教堂内庆祝，其目的是用一种完全建立在世俗原则基础上的意象来取代天主教会已被根除的象征意义。为了与他的官僚心态保持一致，罗伯斯庇尔将"对上

---

① 牧月（prairial），法国大革命历的第 9 个月，一般（对于某些年份有一两天的差异）对应于公历的 5 月 20 日至 6 月 18 日。

帝的崇拜"写成 15 条命令的清单。第 7 条宣布庆祝对象为："上帝与自然；人类；法国平等；人类的恩人；自由的烈士；自由与平等；共和国；世间的自由；爱国主义；对暴君和卖国贼的憎恶；真理；正义；谦虚；荣耀和永生；友谊；自律；勇气；诚信；英雄主义；公正；坚忍；爱；夫妻之间的忠诚；父爱；母爱；孝顺；童年；青春；成年；老年；不幸；农业；产业；工业；祖先；后代；幸福。"

罗伯斯庇尔在 1793 年 12 月 25 日（如果当时圣诞节还存在的话）专门讨论了立宪政府和革命政府之间的区别，前者是法国革命的目的，后者是现在战时急需建立的。"立宪政府主要关注公民自由，革命政府则关注公共自由。在立宪政府统治下，除保护个人不受国家的侵犯外，几乎没有别的要求，而革命政府则有义务保护国家本身不受来自四面八方的派别的攻击。"在这种危急形势下，罗伯斯庇尔认为有必要"震慑法国的敌人"。因此，"革命政府应对良民给予充分的国家保护，人民的敌人只有死路一条"。这一逻辑看似无可阻挡，它背后有公共安全委员会的支持，以防有人会有不同的想法。

即使在今天，仍有为罗伯斯庇尔及其追随者辩护的人，他们认为恐怖统治有效地统一了法国，并确保了法国的生存和最终的胜利，当时法国正与欧洲其他所有国家处于交战状态。但这样做的代价是把大约 18 000 名法国公民送上了断头台，并为有史以来最为极权的政府制定了系统的国家恐怖统治蓝图。

拉瓦锡传记的作者普瓦里耶确认了包括拉瓦锡在内的 7 名在恐怖统治中丧生的科学家。1792 年 9 月，对大革命特别是革命法庭发起抗议的荣誉院士拉·罗什富科·德·恩维尔公爵（La Rochefoucauld d'Enville）被杀。1793 年 11 月，拉法耶特的政治盟友、天文学家让–西尔万·巴伊（Jean-Silvain Bailly）被革命法庭判处死刑。1793 年 12 月，化学家迪特里希（Dietrich）男爵，因保皇派身份而被押上断头台，而法国革命的圣歌《马赛曲》就是在他家中诞生的。我们已经知道，孔多塞于 1794 年 4 月由于不明原因死于狱中。同月，曾签署反对废除最高法院的抗议书的天文学家、数学家博沙尔·德·萨龙（Bochart de Saron）和曾为国王路易十六辩护的拉穆瓦尼翁·德·马勒泽布（Lamoignon de Malesherbes）也被砍了头。

不过被解散的法国科研机构的大多数成员还是设法活了下来——包括几位拉瓦锡的亲密同事：默尼耶、蒙热、富克鲁瓦、贝托莱和吉东·德·莫尔沃。即使在恐怖主义的狂热中，雅各宾政权也没有完全忽视科学技术对国家的价值，因此，这些人中的一部分仍受到公众尊敬。其余的则谨慎行事，避免引起任何注意。在此期间，所有的幸存者都留在法国。唯一一个企图逃跑的科学家迪特里希男爵最终被判为逃亡者。

至于拉瓦锡本人，他似乎很难理解他周围的世界为何完全迷失了方向。他一直相信自己内心的天平，坚信万物之间都是平衡的，因此相信平衡一定会恢复。他曾计划在苏格兰待上几个月，与约瑟夫·布莱克合作。事后来看，如果他能在 1793 年秋天实施这个计划，情况会更好一些。虽然这样的举动可能会导致他与迪特里希男爵和其他数百人一起被判为逃亡者。他之所以最终留在法国，可能是出于对实验室和家人的关心，也可能出于骄傲、固执以及在生命的最后几天表现出的巨大勇气。

此外，他也有理由相信自己可以安然度过这场风暴。毕竟，他坚信即使在学术机构被废除之后，科学家的身份也最终能保住学者们的生命，而他可能是其中最杰出的一位。他参与了国家的多方面、广泛的事务，比其他科学家都更勤奋、更有热情，也为更成功。很难相信法兰西共和国会肆意无度，舍弃拉瓦锡的才能。

尽管如此，拉瓦锡的文件在《嫌疑犯法令》通过后仅3天就被查封。由于政府没有采取任何逮捕他的行动，拉瓦锡当时本可以离开法国，但却选择留下来继续奋斗。起初，他的努力似乎很成功。9月28日，包税总会文件上的封条被除去了，拉瓦锡被授予了一份"公民美德证明"，证明中指出，所调查文件中的一切"都体现了你的公民精神，足以消除任何对你的怀疑"。借此，富克鲁瓦不动声色地把从拉瓦锡玛德莲大道的住宅中没收的信件还给了他。

证明上的话语似乎是防范《嫌疑犯法令》的最佳保险，所以拉瓦锡有理由相信自己是安全的。但事实上，他的生命已走向终局，这一切都加快了节奏。11月24日，一项命令发出，要求逮捕包税总会的所有前包税官，这些包税官将被监禁，直到包税总会的可疑账目被呈报并审查后才能释放。至此，"公民美德证明"已经没有任何价值了。

警察没有在军火库实验室和玛德莲大道的房子里找到拉瓦锡，他们不知道拉瓦锡那天在国民自卫军处。又过了3天，拉瓦锡仍然"逍遥法外"，还给公共教育委员会和国家安全委员会写了几封热情洋溢的信——用第三人称指代自己，仿佛是要预先定义他们对他的态度。

公共教育委员会负责拉瓦锡此时仍在进行的度量衡项目。此外，拉瓦锡前一年的大部分时间都致力于推动教育改革项目，最终以 1793 年 7 月向国民公会提交的一份支持艺术学院的报告结束。他对科学的兴趣总是与对教育学的兴趣交织在一起，他清楚地认识到在艺术和贸易方面进行良好训练的实际重要性（在学院被打压前，传统的行会已经被法国大革命废除了一段时间）。他在 1793 年夏天写道："美利坚合众国成为一个繁荣的国家并不是通过庆典实现的，而是通过给予全行业力所能及的发展来实现的。"在这个领域，拉瓦锡也许能继续为国家做出重大贡献。

他 11 月 25 日写给公共教育委员会的信措辞非常巧妙：

> 前科学院院士，大约 3 年前辞去包税总会职务的拉瓦锡……众所周知，他从来没有参与过由大臣任命的一个小委员会主持的包税总会的日常事务，而且他所发表的著作①也证明，他主要从事的是科学研究。他从来不是法令中指定的需要呈报包税总会账目的委员之一；因此，对于委员们被指责有延误的状况，他无须对此负责，包税总会有些人要一直被羁押到交出账目为止，而他不认为自己也在其中。

如果公共教育委员会接受这一说法，拉瓦锡就可以与包税总会的危险联系巧妙地切割开来，拉瓦锡也为这样做提供了一个建设性理由：

---

① （原注）在这里，拉瓦锡是想提醒委员会他著有《化学命名法》和《化学基础论》。

怀着这种疑虑，他请求国民公会告诉他，国民公会是否是想让他继续从事为包税总会清账这项拉瓦锡认为自己不适合的工作，或者他是否应该继续履行度量衡委员会的职责。目前为止，他仍对度量衡工作充满热情，而且直言自己必会对其有所贡献。

11 月 26 日，他给国家安全委员会写了一封类似的信——尽管这个机构的名称与公共安全委员会相似（或者正因为如此），但往往与公共安全委员会作对，现在公共安全委员会由罗伯斯庇尔和狂热的恐怖分子控制。拉瓦锡逃避逮捕已有 48 小时，在第二封信里，他宣布愿意自首：

> 前科学院院士拉瓦锡受国民公会法令的委托，致力于制定国民公会通过的新度量衡的建立。另一方面，新颁布的一项法令规定，包税官必须被关在拘传所内，以便查清账目。他准备自首，但在此之前，他想他应该问一下自己应该遵守哪条法令。

因此，这似乎是公平的问题。基于公平的利益衡量，拉瓦锡理应获得自由，至少拉瓦锡自己是这样认为的。他甚至提出了一个妥协方案——让"两个无套裤汉①兄弟"看守自己，这样他就能在巴黎周围行动自如，并且有足够的自由继续科学研究。

---

① 无套裤汉（sans-culotte），字面意思是"没有裙裤"，又称长裤汉，是指 18 世纪晚期的法兰西下阶层的老百姓，在旧制度下生活品质极差的群众成为响应法国大革命激进和好战的广大参与者。

11 月 27 日过后，两个委员会都没有回复拉瓦锡。拉瓦锡左右为难，但仍可以逃离这个国家，或者像孔多塞那样长期躲藏起来。他没有选这两条路并非完全因为愚蠢。他的岳父雅克·波尔兹及其他包税官也被困在同一张网里，显然，全家逃走并不现实，尽管在气氛紧张的 11 月波尔兹尚未被捕。拉瓦锡对未来的设想还不那么悲观。他受过法律训练，虽然没有从事过法律工作，但他和波尔兹都相信，公正的审判最终会为他们伸张正义。拉瓦锡是十足的实用主义者，他意识到自己的巨额财富容易成为别人的攻击目标，但在恐怖统治的这个阶段，他没有意识到国家也可能会夺走他的性命。到目前为止，被送上断头台的科学家们都参与了明确的政治行动，而拉瓦锡非常小心地避开了这些。他设想过的最糟糕的情况是，自己被没收了全部财产，然后作为一名药剂师谋生，过着简朴生活，就像瑞典化学家舍勒一样。拉瓦锡非常关注秩序，认为事态终究会回归平衡，这一点肯定会让他站稳脚跟。最后，他处事冷静的性格也决定了他不会逃跑。

11 月 28 日，拉瓦锡和波尔兹（两人都不是那么可怕的逃犯）被关进巴黎的自由港监狱（Port Libre Prison），当时其他包税官已经被关进了那里。下一个月的大部分时间他们也会被关在这儿。拉瓦锡仍然希望他 11 月下旬寄出的一封信能得到回复，这样他就有可能获释。他的朋友们在整个 12 月都在代表他提出类似的请求——但都没有成功。对于公平审判，另一个被捕的包税官艾蒂安-玛丽·德拉汉特（Etienne-Marie Delahante）有着更加明了、悲观的看法："我想委员们会指责我们虚构账目，滥用权利，他们不会允许我们对这些指控进行辩驳，我们会因这些所谓的腐败行为而定罪。这样一来，我们只有死路一条。"

事实上，恐怖统治的领导人已经牢牢地握紧了奥卡姆剃刀。对这些包税官最大的威胁是战时经济的贪婪。包税官们无疑是当时法国最富有的私人资本家。在他们被监禁的 5 个月里，情况发展到了这样的地步：将富人送上断头台被戏称为"在革命广场上铸造钱币"。

在自由港监狱，包税官们甚至无法接触到他们被要求上交的账目。最后，1793 年 12 月 25 日（当时罗伯斯庇尔阐述了立宪政府和革命政府的区别），他们被送往位于格勒内勒–圣奥诺雷（Grenelle St-Honoré）街的包税总会的前总部。在那里，这些包税官只能清查自己负责的账目。拉瓦锡一反常态地投身于他声称自己不适合的工作中。到次年 1 月底，账目已结清。

由于包税总会的事情复杂烦琐，冗长乏味，对指控的辩护就显得墨守成规，枯燥冗长。此外，德拉汉特的担心也得到了证实，被指控的包税官们并不知道自己面临的具体指控是什么，只能根据家人和朋友的传闻来猜测。在这种情况下，准备辩护的困难可想而知。尽管如此，拉瓦锡还是设法做出明确的回应，不过传记作者普瓦里耶指出，"他们具有技术官僚的性格，即使在今天，也很难被人理解"。到 1794 年 5 月，在各方势力的博弈下，革命法庭的成员已经没有心思去深究财务报表的细枝末节，或法律程序的细微之处——又或者，实际上他们也不想听任何解释。

从 1793 年 9 月起，一个叫安托万·迪潘（Antoine Dupin）的人开始负责调查包税总会的事务。他曾是里面的雇员，而且不久前还因从包税总会私吞了一大笔钱并伪造账簿、掩盖罪行而入狱。但迪潘只是同一根绳上的一只小蚂蚱。他把自己说成是包税总会邪恶行为的受害者，声称知道这个机构的账目不实，因此得以出狱，还被授予了一些权力。如德拉汉特所预测的一样，迪潘的指控要么是完全虚构，要么是恶意歪曲。

迪潘花了近3个月的时间准备了一份有关包税总会账目的不实报告。在此期间，玛丽设法通过中间人找到迪潘，中间人原本的计划是让迪潘区别对待拉瓦锡的情况，在报告中把拉瓦锡的罪行说得比其他包税官更轻一些，这对拉瓦锡而言是个逃生的机会。据说，拉瓦锡夫人只需要亲自拜访迪潘，向他表示感谢并确认这笔交易，就可以救出拉瓦锡。

当需要委曲求全时，玛丽却放不下自己的傲气，甚至还发起脾气来。她与迪潘会面时，坚称自己丈夫是无辜的（事实上他确实是无辜的），并斥责那些指控拉瓦锡的人是腐败和邪恶之徒（这些人也理应受到惩罚，包括迪潘在内）。[①] 她的举止很正义，但没有远见。当然，拉瓦锡的父亲没有被包括在这笔本可以拯救拉瓦锡的特殊交易之中，所以指责原告也许是玛丽同时为两人辩护的唯一途径。不管她的动机如何，她的这次爆发彻底封死了通过迪潘拯救拉瓦锡的路。

拉瓦锡入狱的头几个月里，他的许多科学家同行都为他奔走游说，但当拉瓦锡越来越不可能从税务指控中脱身时（恐怖统治变得越来越极端），他们就越倾向于保持沉默。特别是富克鲁瓦的行为，一直受到很多人的指责和批评。当时，萨库姆（Sacombe）博士谴责他说："如果一个人仅用只言片语就能拯救一个伟人却因懦弱而

---

① （原注）后来，拉瓦锡夫人成为包税总会幸存者的领袖，1795 年，将迪潘送上法庭并定罪。

选择保持沉默，那他至少应该知道如何弥补自己的沉默。"

富克鲁瓦曾是拉瓦锡的门生，但在 1794 年，他的地位要比拉瓦锡稳固得多，他是国民公会和雅各宾俱乐部的成员。富克鲁瓦的批评者认为他放弃拯救拉瓦锡是由于嫉妒拉瓦锡的化学成就，想要取代拉瓦锡的地位。这种行为并非没有先例，拉瓦锡在自己的全盛时期就打垮了许多前辈与竞争对手。但事实上，富克鲁瓦为了保住拉瓦锡，也费了很多心思，想了许多计策。就在包税官们被带到革命法庭的不久前，他甚至还闯进了公共安全委员会的会场。在同时代的安德烈·洛吉耶（Andre Laugier）的描述中，"他支持拉瓦锡。他带着愤怒解释道，这位伟大的化学家的死将会给科学界造成多么大的损失啊。当时的委员会主席罗伯斯庇尔没有作声，所以没有人敢做出回应，富克鲁瓦先生不得不默默离开，似乎无人注意到他说了什么。富克鲁瓦先生一离开会议室，罗伯斯庇尔就斥责他的鲁莽，还声称要他好看，这让普里厄·德拉科特·德·奥尔（Prieur de la Cote D'Or）非常害怕，他追出去告诉富克鲁瓦，如果想保住项上人头，就不要再这样了"。

1794 年 5 月初，迪潘向国民公会提交了一份带有浓重偏见色彩的报告，内容是关于包税总会的账目，拉瓦锡自己的那部分自然也不例外。5 月 5 日，包税官们（仍被关押在他们原来的总部）得到通知：国民公会已投票决定将他们送到革命法庭。虽然名义上还要进行审判，但每个人都明白这次投票等于宣判了他们的死刑。有两个包税官企图购买鸦片自杀，并向拉瓦锡透露了他们的想法。他无情的务实回答必定惹恼了这两位包税官，但会让斯多葛学派感到荣耀："我不像你们一样执着于生命，我已经牺牲了生命。我们正等待的死亡时刻无疑是痛苦的，但不应用你们所提议的方法阻止它的到来，窒息而死对我们更有好处。为什么要在这之前就去寻死呢？是因为接受别人的命令，尤其是接受不公正的命令是可耻的吗？但在这里，过分的不公正本身就抹去了耻辱。"

5月6日，这群人被转移巴黎古监狱（Conciergerie），这是位于城市岛（Île de la Cité）的一座中世纪堡垒，王后玛丽·安托瓦内特在那里度过了被处决前的最后几天。第二天，包税官们接受了简短的审讯。那天晚上，他们首次拿到了一份指控他们的书面陈述，但在阅读这些文件之前，就已经到了熄灯的时候。因此，在第二天黎明前，他们都无法得知自己受到的确切的指控。

这些书面材料其实并不重要。第二天上午10点，审判开始，正如德拉汉特所料，他们接受的是私设法庭式的审判。尽管"革命不需要科学家"这句话被认为是后人的杜撰，但法官们确实以嘲笑被告的回答来取乐。这些包税官被判刑后，坐着敞篷马车沿着塞纳河来到革命广场，他们从卢浮宫的窗下经过，这条路曾见证过拉瓦锡最辉煌荣耀的时刻。其中一个被判死刑的包税官帕皮永·德·奥特罗什（Papillon d'Auteroche）瞧了一眼追着马车咒骂的人群，自言自语地说："有这样令人讨厌的子民，真让人恼火。"当晚5点，他们被押到断头台下。一位名叫欧仁·舍韦尼（Eugène Cheverny）的目击者后来写道，拉瓦锡"为其他人做好了死亡的准备"，但没有记录具体是怎么做的准备。

这些包税官都是"体面人"，舍韦尼还写道。法国人民对恐怖统治已经失去了兴趣。不到3个月后，罗伯斯庇尔就会丧命。拉瓦锡被处决后的第二天，不久前曾与拉瓦锡在艺术与交易顾问委员会有过合作的前科学院院士约瑟夫-路易·拉格朗日（Joseph-Louis Lagrange）就大胆宣称："把他的脑袋砍下来，只要一眨眼，可是这样的脑袋再过一百年也长不出来了。"

虽然拉瓦锡最后为人所知的肖像并非来自生活场景，但仍然令人印象深刻。这是一幅由玛丽·勒妮·热纳维耶芙·布罗萨德·德·博利厄（Marie Renee Geneviève Brossard de Beaulieu）所绘的全幅版画，画中拉瓦锡头发散乱，衣领敞开，正在迎接断头台上的刀锋——这是此类断头台场景的传统风格。拉瓦锡的面容看起来比大卫那张舒适的肖像更加清晰和严厉——考虑到他在过去几个月里所遭受的困难和压力，这是可以理解的。他看上去冷静、自信，有点专横，完全克制住了自己，（一如既往地）有点瞧不起智力不如自己的人，对即将发生在他身上的愚事完全不以为然。

身陷自由港监狱，尚有一线生机时，他就已经着手交代后事。12 月，他写信给玛丽："亲爱的朋友，你承担了太多的痛苦，太多的身心疲惫，而我却无法为你分担。你要保重身体，身体抱恙将是最大的不幸。我的事业很成功，自认识你以来到现在，我就一直过着幸福的生活，你给我留下了爱恋的印记，每一天你都扮演着重要的角色。最后，我将永远把关心和尊重的记忆埋在心底。所以，我的任务已经做完了，但是你，仍然有权力期望长命百岁，不应浪费这个机会。我昨天留意到你很难过。既然我将一切都听天由命，既然我将所有未输掉的事情都视为胜利，你为什么还要这么难过呢？"

通常，拉瓦锡会在控制不住情绪之前转换话题。在信的结

尾，他告诉妻子兑换纸币的时间和方法。5 月 6 日，当得知国民
公会投票决定审判他们时，其他包税官便开始写信给直系亲属。
拉瓦锡则不同，他的最后一封信并没有写给亲密的人，而是写给
了他的堂兄奥热·德·维莱尔（Auger de Villers）——除此之外，
维莱尔在拉瓦锡的故事中没有太多的戏份：

> 我的职业生涯很长，也很快乐，我相信我也会有一些遗
憾，甚至能有一些荣耀。除此之外，我还想要什么呢？我卷
入的事件很可能会使我免受年老的不便。我将痛快一死——
这是我能享受的其中一个好处。如果说我确实有什么痛苦的
话，那就是我没有能力为家庭多做些事，因为我被剥夺了一
切，所以无法向他们或你表达爱与感激。
>
> 事实是，即使尽了所有的社会美德，为国家做出重要贡
献，一生致力于艺术和人类知识的进步，也并不足以避免悲
惨结局，或避免像罪犯一样死去。
>
> 我今天能写信给你，也许明天就不行了。在最后的时
刻，在脑海中想起你和我所爱的人，对我而言是一种甜蜜的
安慰。请代我问候他们，让他们分享阅读这封信。这封信很
可能是我给你写的最后一封信。

如果他直接写信给他"亲爱的朋友"玛丽的话，也许他就不会
这么理智。当然，拉瓦锡知道他是在书写历史。像往常一样，他
小心地摆正了天平。

延伸阅读

　　普瓦里耶的《安托万·洛朗·拉瓦锡：1743—1794》(*Antoine Laurent Lavoisier：1743－1794*)是最权威的拉瓦锡传记，整本书详尽地记叙了拉瓦锡一生的生活和工作情况，大部分内容是按时间顺序展开的。法语读者应该注意到了，这本书的英文版《拉瓦锡：化学家，生物学家，经济学家》(*Lavoisier：Chemist，Biologist，Economist*)内容有了很大的扩充，包含了很多法语原版没有的内容。

　　阿瑟·多诺万(Arthur Donovan)的《安托万·拉瓦锡：科学、管理和革命》(*Antoine Lavoisier：Science，Administration，and Revolution*)同样是一部有价值的著作。尽管没有普瓦里耶的作品那么详尽，但与普瓦里耶严格按照时间顺序展开内容不同，多诺万的作品是按主题展开的。多诺万将拉瓦锡的生活工作按类别进行分类，并完美地将他的活动(经济、政府以及科学领域)融入极其完整的历史大背景中。

　　悉尼·J. 弗伦奇(Sidney J. French) 1941 年所著的拉瓦锡传记《火炬与坩埚：安托万·拉瓦锡的生与死》(*Torch and Crucible：The Life and Death of Antoine Lavoisier*)虽然年代久远，但仍然是本有趣的书，而且与多诺万和普瓦里耶的专业作品相比，更容易为普通读者所接受。这本书，就像道格拉斯·麦凯(Douglas McKie)的

《安托万·拉瓦锡：科学家、经济学家、社会改革家》(*Antoine Lavoisier: Scientist, Economist, Social Reformer*)(纽约：亨利·舒曼出版社，1952)一样，包含了许多时下传记作品中没有的人情味。查尔斯·吉利斯皮(Charles Gillispie)在《旧制度末期法国的科学与政治》(*Science and Polity in France at the End of the Old Regime*)(普林斯顿：普林斯顿大学出版社，1980)中刊载了一篇关于拉瓦锡的文章，尽管篇幅相对较短，但明确了对拉瓦锡及其工作的态度，这种态度在对这位化学家的最新讨论中仍旧被沿用。亨利·格拉克(Henry Guerlac)的《安托万-洛朗·拉瓦锡：化学家和革命家》(*Antoine-Laurent Lavoisier: Chemist and Revolutionary*)(纽约：斯克里布纳出版社，1975)对拉瓦锡的科学生涯进行了最为快速高效的总结，作者是一位精通细节处理的专家。

亨利·格拉克的《拉瓦锡的关键之年：1772年首次燃烧实验的背景和起源》(*Lavoisier—The Crucial Year: The Background and Origins of His First Experiments on Combustion in 1772*)对这一主题进行了极为详尽的论述。这部作品的价值在于，它把拉瓦锡在这一关键时期向科学院所作的大多数报告(公开的或秘密的)草稿作为附录，并包含被"涂改"的字句。对于非法语读者而言，缺点在于：整部作品中，格尔拉克所引用的拉瓦锡的话只有法语版本。

弗雷德里克·劳伦斯·霍姆斯(Frederic Lawrence Holmes)的《安托万·拉瓦锡——下一个关键年份：或他的化学定量方法的来源》(*Antoine Lavoisier—The Next Crucial Year: Or, the Sources of His Quantitative Method in Chemistry*)，如其标题所示，既是对格拉克著作的一种致敬，也是一种反驳。正如霍姆斯所宣称的那样，他所关注的是拉瓦锡评估实验结果所用的"资产负债表"系统，在他成功揭示这一问题时，我们惊奇地发现，在"资产负债表"这一方法的早期运用中，拉瓦锡失败的次数远比成功的次数多，这有点出乎意料（与拉瓦锡后来的表述形成对比）。同样出乎意料的是，霍姆斯指出，在拉瓦锡职业生涯的这一关键阶段，他敢于在掌握确凿的证据之前便进一步推进理论主张，而不是沿用他自己在科学程序标准上假设的逻辑。

从炼金术到现代化学的转变似乎是一个有待进一步探索的成熟领域。特雷弗·H. 莱弗里（Trevor H. Levere）的《物质转化：从炼金术到巴基球的化学历史》（*Transforming Matter：A History of Chemistry from Alchemy to the Buckyball*）为这门学科（以及其他许多学科）给出了一个迅速而清晰的论述。在《炼金术在火中的应用：斯塔基、玻义耳和海尔蒙特化学的命运》（*Alchemy Tried in the Fire：Starkey, Boyle, and the Fate of Helmontian Chemistry*）中，威廉·R. 纽曼和劳伦斯·M. 普林西比将两个17世纪的"炼金术士"重新定义为炼金术进化到化学的过渡人物——有力地证明了这种演变比迄今所认为的更为平缓。马尔科·贝雷塔（Marco Beretta）的《物质的启蒙：从阿格里科拉到拉瓦锡的化学定义》（*The Enlightenment of Matter：The Definition of Chemistry from Agricola to Lavoisier*）是对同一主题的微观细致的论述，但特别强调了图示法，尤其是所用的语言。贝雷塔强有力地说明，拉瓦锡对化学语言的改革至少与他对化学理论的修正一样重要。

另一篇来自马尔科·贝雷塔的精彩著作为《科学生涯影像：安托万·洛朗·拉瓦锡的图像志》（*Imaging a Career in Science：*

The Iconography of Antoine Laurent Lavoisier)这本书再现了每一幅已知的拉瓦锡的画像，以及玛丽·拉瓦锡的实验室素描，并充分讨论了这些画像的来源和它们在图像模式中的意义。尽管拉瓦锡和玛丽都试图创造和控制这种图像模式，但其发展最终超出了他们的预想。

1994年3月，《工艺美术博物馆评论》(La revue de la Musée des Arts et Métiers)杂志刊登了一篇作品，这篇作品在众多有关拉瓦锡的趣味性材料里选取了普瓦里耶对大卫所作的拉瓦锡夫妇肖像画的解读，还选取了马德莱娜·皮诺·索伦森(Madeleine Pinault Sørenson)所做的有关拉瓦锡夫人的艺术生涯的研究，这一研究关注大卫对拉瓦锡夫人的指导，并重现了那个时期两幅之前不为人知的素描。《氧气》(Oxygen)是罗尔德·霍夫曼(Roald Hoffmann)和卡尔·杰拉西(Carl Djerassi)合著的一部戏剧，剧本非常有趣，讲述了普里斯特利、舍勒和拉瓦锡之间为了发现氧气（尤其是为了荣誉）而展开的竞赛，这部戏剧在一些重要细节上是准确的。2001年，舍勒写给拉瓦锡的信件在德国化学学会出版社(Wiley-VCH)出版的书中以插图的形式再现。

拉瓦锡实验室所用的仪器现藏于巴黎工艺美术博物馆。这些设备仍然可以使用，2003年秋天，它曾用于重复拉瓦锡的几个关键实验。巴黎科学院的档案馆中保存着拉瓦锡的大量论文。拉瓦锡的论文集存放在马萨林学院位于塞纳河左岸正对卢浮宫的壮丽建筑中，在马萨林学院，拉瓦锡度过了他的早期学习生涯。在拉瓦锡成为科学院院士期间，卢浮宫就是科学院的所在地，位于拉瓦锡军火库实验室和拉瓦锡执行死刑地点的中点。

图片来源

致 谢

感谢詹姆斯·阿特拉斯(James Atlas)的邀请；感谢特约编辑杰西·科恩(Jesse Cohen)；感谢巴黎科学院档案馆的玛丽-约瑟夫·米内(Marie-Josèphe Mine)提供了拉瓦锡的论文；感谢歌其尔学院(Goucher College)化学系的埃丝特·吉布斯(Esther Gibbs)教授在现代化学相关知识上提供的帮助；感谢詹姆斯·休斯(James Hughes)博士提醒我注意孔多塞(Condorcet)。

图书在版编目（CIP）数据

死于理性：拉瓦锡与法国大革命 /（美）麦迪逊·贝尔著；李雪梅译. —广州：广东人民出版社，2021.4

书名原文：Lavoisier in the Year One：The Birth of a New Science in an Age of Revolution

ISBN 978 - 7 - 218 - 14770 - 3

Ⅰ. ①死… Ⅱ. ①麦… ②李… Ⅲ. ①拉瓦锡（Lavoisier，A. L. 1743—1794）—生平事迹 Ⅳ. ①K835. 656. 13

中国版本图书馆 CIP 数据核字（2020）第 268217 号

SI YU LIXING：LAWAXI YU FAGUO DA GEMING

死于理性：拉瓦锡与法国大革命

[美] 麦迪逊·贝尔 著 李雪梅 译 版权所有 翻印必究

出 版 人：肖风华

项目统筹：施 勇 陈 晔
责任编辑：陈 晔 钱 丰 皮亚军 刘飞桐
责任技编：吴彦斌 周星奎
出版发行：广东人民出版社

地 址：广州市海珠区新港西路 204 号 2 号楼（邮政编码：510300）
电 话：(020) 85716809（总编室）
传 真：(020) 85716872
网 址：http：//www. gdpph. com
印 刷：广州市岭美文化科技有限公司
开 本：880 毫米×1250 毫米 1/32
印 张：5.625 插 页：2 字 数：122 千
版 次：2021 年 4 月第 1 版
印 次：2021 年 4 月第 1 次印刷
著作权合同登记号：图字 19 - 2020 - 087
定 价：48.00 元

如发现印装质量问题，影响阅读，请与出版社（020 - 85716849）联系调换。
售书热线：(020) 85716826